Sabrina Gundert

Hab Mut und geh

Irdana – Verlag für spirituelle Literatur von Frauen

www.irdana-verlag.de

ISBN 978-3-9813609-9-8

Coverfoto und Icons: © LIA Büro für grafische Gestaltung – Julia Maria Fellner, Steiermark

Lektorat: Susanne Broos

Gestaltung und Satz: pixelpfad.de (Hamburg)

Herstellung/Druck: FontFront.com

»Manchmal müssen wir das Unmögliche wagen
und das Unglaubliche zulassen,
um das Leben zu leben,
von dem wir nicht gewagt haben
zu träumen.«

Sabrina Gundert

Inhalt

Einleitung

Den Wunsch, dem eigenen Herzensweg zu folgen, tragen viele von uns in sich. Und doch enden die meisten dieser Wege, noch ehe sie wirklich begonnen haben. Die vermeintlichen Gründe: Keine Zeit. Kein Geld. Keine Ideen. Geht nicht. Ich habe in den vergangenen Jahren jedoch an vielen Herzenswegen teilgenommen und sowohl bei mir als auch bei anderen Menschen gesehen: Es geht!

2012 und 2013 durfte ich zehn wunderbare Frauen mit ganz unterschiedlichen Lebenswegen besuchen, die mir für das Buch *Auf dem Herzensweg – Lebensgeschichten spiritueller Frauen* von den Höhen und Tiefen und vor allem vom Gehen ihres Herzensweges erzählt haben. Darunter eine Kräuterkundige, eine Künstlerin, eine Sufilehrerin, eine buddhistische Lehrerin, eine christliche Ordensfrau und auch eine Köchin.

In der darauffolgenden Zeit, auf den Lesereisen mit dem Buch, in persönlichen Gesprächen oder auch in den Workshops und Kreativen Schreibwerkstätten, die ich leite, habe ich noch viele, viele solch mutiger Frauen (und Männer) kennenlernen dürfen. So individuell jeder Weg auch ist, überall sind immer wieder ähnliche Fragen angeklungen: Wie geht das eigentlich, dem eigenen Herzensweg zu folgen? Wie finde ich heraus, was meine Potenziale und Fähigkeiten sind? Wie kann ich mit der Angst und den Zweifeln umgehen? Und was trägt und unterstützt mich auf diesem Weg?

Der Wunsch nach einem Reiseführer für den Herzensweg kam auf – und hier ist er! Er ist nicht nur ein Buch zum Lesen, sondern zum Leben. Du kannst in ihn deine Gedanken hineinschreiben, Schreibübungen bieten dir dafür thematische Anregungen. Außerdem enthält er Meditationen, die du dir auch als mp3-Datei herunterladen kannst (siehe S. 121), und eine Herzenswegreise (siehe S. 44), die dich auf deinem Weg begleiten mögen. Um welche Art von Übung es sich gerade handelt, zeigen die Icons:

 steht für eine Schreibübung,  für eine Meditation zum Herunterladen,

für eine Inspirationen für dich.

Jedes Kapitel dieses Herzensweg-Reiseführers ist einem Thema gewidmet, das dir unterwegs begegnen wird – von Sehnsucht und Sinnfragen über Potenziale und Vertrauen bis zu Gegenwind und Mut. Eingeflossen sind darin meine persönlichen Erfahrungen, ebenso wie die der zehn Frauen, die ich in *Auf dem Herzensweg* porträtiert habe. Und die ganz unterschiedlicher Frauen quer durch Deutschland, Österreich und die Schweiz, die mir Ausschnitte ihrer Lebenslandkarten gezeigt haben, indem sie per E-Mail oder mit der Post den Herzensweg-Fragebogen, den ich über unterschiedlichste Wege in die Welt gegeben hatte, beantwortet haben. Danke euch für eure offenen Antworten und euren persönlichen Beitrag zu diesem Buch! Einige der Frauen werden mit vollem Namen genannt, andere wollten lieber nur mit ihrem Vornamen in diesem Buch erscheinen.

Das Herzstück von *Hab Mut und geh* bilden insbesondere die Impulstexte, Inspirationen und vielen Übungen, die eine jede ermutigen wollen, die Inhalte des Buches aktiv umzusetzen. Sich anregen, inspirieren zu lassen – und das Gelesene gleich auszuprobieren und auf Wunsch zu reflektieren. Vergessene Träume wiederzuentdecken, die eigene Schatzkiste für stürmische Zeiten zu füllen und Verbündete auf dem Weg zu entdecken. Vor allem aber: Endlich loszugehen und es zu wagen, dem eigenen Herzen und der tiefen Sehnsucht nach einem authentischen Leben zu folgen.

Denn wir müssen nicht auf den vermeintlich richtigen Zeitpunkt, den besonders hohen Kontostand oder die Zustimmung all unserer Freundinnen und Freunde sowie unserer Familie warten, sondern wir dürfen hier und jetzt aufbrechen. Dabei gibt es kein zu jung oder zu alt, zu früh oder zu spät, kein Richtig und Falsch. Es gilt lediglich, den ersten Schritt zu tun. Hin zu dem Leben, von dem wir nicht gewagt haben zu träumen – und das genau in diesem Augenblick beginnen darf.

Losgehen,
meinem eigenen Weg folgen.
Voller Angst
und voller Vertrauen.
Unsicherheit
gepaart mit Freude.
Neugierde
gepaart mit einem Zaudern.
Den ersten Schritt wagen
und wissen: Es führt kein Weg mehr zurück.

Mich langsam vorwärts tasten,
weitergehen,
Vertrauen fassen,
Freude spüren.
Mein Weg.[1]

Herzenswege

»Ein Herzensweg ist für mich einer, auf dem ich mich führen lasse, dem ich mich ganz hingebe, der vom Takt meines schlagenden Herzens bestimmt wird.«

(Monika Winkelmann)

Ein Herzensweg ist ein Weg, bei dem wir wirklich dem folgen, was uns im Herzen brennt und uns innerlich nährt. Solch ein Weg beginnt meist mit einer tiefen inneren Sehnsucht. Die Sehnsucht nach einem erfüllten Leben, danach, authentisch und im Einklang mit eigenen Wünschen und Visionen zu leben. Meist bedeutet dies zugleich, alte, ausgetretene Pfade zu verlassen und neue Wege zu gehen. Wege, die noch keine vor uns gegangen ist.

Konkret kann dies heißen, den Job zu wechseln, sich selbstständig zu machen, eine Beziehung zu beenden oder auch in eine andere Stadt zu ziehen. Es können kleine wie große Umbrüche sein. Ein Herzensweg kann auch mit einem kleinen Schritt beginnen, indem du dir beispielsweise die so lange schon gehegte Sehnsucht nach einem eigenen Garten erfüllst. Und wer weiß, vielleicht entsteht daraus mit der Zeit etwas Zusätzliches, das du jetzt nicht einmal ahnst – die Arbeit als Gärtnerin, der Verkauf deines eingemachten Gemüses oder etwas ganz anderes.

»Ein Herzensweg bedeutet für mich, den ureigenen Weg zu gehen. Das auszudrücken, was bereits in mir selbst angelegt ist. Der Intuition zu folgen und meinen Talenten und Fähigkeiten auf der Spur zu bleiben.«

(Susanne Wallimann)

Herzenswege können ganz unterschiedlich aussehen. So wie mein Herzensweg der Weg des Schreibens ist, der mich schon von Kindesbeinen an begleitet, so ist es für einen Freund von mir, der als Biolandwirt tätig ist, die Arbeit auf dem Acker. Und während ich mich morgens schon auf den Artikel oder das Kapitel freue, an dem ich heute schreiben kann, so freut er sich darauf, Dinkel zu säen oder Hafer zu ernten.

Dem Herzensweg zu folgen heißt nicht, sich unbedingt selbstständig machen zu müssen – auch wenn es viele Menschen gibt, die auf dem Weg diesen Schritt gehen. Vielmehr können wir ebenso in angestellten Arbeitsverhältnissen unser Herzblut leben, sei es als Buchhalterin, Kassiererin oder Friseurin. Hier gibt es kein Richtig und kein Falsch, ebenso wie das Losgehen auf dem eigenen Weg keine Altersgrenze kennt. Wir sind niemals zu jung oder zu alt für diesen Weg. Wenn wir erst im Alter losgehen, so dürfen wir uns daran erinnern, dass es vorher – aufgrund welcher Umständen und aus welchen Gründen auch immer – für uns einfach nicht möglich war, diesem Weg zu folgen. Und genau jetzt beginnen, die ersten Schritte auf ihm zu gehen. Dabei können wir uns klar machen, dass es nicht um die Dauer geht, die wir schon auf unserem Weg unterwegs sind, sondern vielmehr um die Tiefe, die wir auf ihm erfahren.

> *»Ein Herzensweg ist für mich der Weg, auf dem ich selbstbestimmt der Stimme meines Herzens und dem Ruf meiner Seele folge. Es ist der Weg zur Freude und der Weg zu mir. Der Weg, der mich in meine wirkliche Kraft bringt.«*
>
> (Sabine B.)

Ein Herzensweg

Ein Herzensweg, was ist das für dich? In einem Satz auf den Punkt gebracht.

Was macht für dich einen Herzensweg aus?

Lege eine Uhr mit Sekundenzeiger neben dich und schreibe – eine Minute lang (Stichworte!), ohne den Stift abzusetzen. Wenn dir nichts mehr einfällt, schreibe einfach so oft »Herzensweg« bis dir das nächste Wort in den Sinn kommt. Wiederholungen sind erlaubt.

Wandlung

»Ich erinnere mich, dass ich mich früher in den verschiedenen Lebensbereichen sehr unterschiedlich wahrgenommen habe. Ich bin zwar mühelos in die wechselnden Rollen geschlüpft, doch ich wusste nicht, welche davon ich bin. Deshalb habe ich mich oft wie eine Mogelpackung gefühlt. Richtig anstrengend wurde es, wenn es Überschneidungen gab und ich versucht habe, alle Rollen auf einmal zu spielen. Heute fühle ich mich stimmiger, echter, authentischer. Mehr wie ich selbst. Das hat eine sehr entspannende Wirkung, weil ich mich nicht mehr so anstrengen muss, jemand zu sein.«

(Angela Nordmann)

Der Herzensweg ist nicht nur ein Weg, bei dem wir wirklich dem folgen, was uns im Herzen brennt und uns innerlich nährt. Er ist zudem ein Weg der Wandlung. Ganz so, wie ein Bildhauer, der vor einem noch unbehauenen Stein steht und zugleich die Skulptur, die einmal aus diesem entstehen wird, schon vor sich sieht. Doch er muss zunächst hier und da noch etwas Stein wegnehmen, damit sie sich in ihrer ganzen Schönheit zeigt. Ähnlich geht es uns auch auf unserem Weg, der uns schleift wie ein Diamant, der diesen Schliff benötigt, um zu glänzen. Wie eine Zwiebel lassen wir all die Schichten gehen, die nicht wirklich zu uns gehören – alte Glaubenssätze, übernommene Muster und Lebensweisen anderer Menschen. Mehr und mehr kommt unser wahrer Kern zum Vorschein und wir beginnen, wahrhaft authentisch zu leben.

»Das Schönste, was ich bislang auf dem Weg entdeckt habe, ist, dass ich wertvoll bin, so wie ich bin. Dass ich geborgen bin. Da gibt es eine Kraft, etwas, das über mich hinausgeht.«

(Anna A.)

Ein Satz – *Sign* genannt – der Schriftkünstlerin Jwala Gamper heißt: »Ich bin die, auf die ich so lange gewartet habe« und bringt diese Wandlung sehr passend zum Ausdruck. Denn letztendlich führt uns jeder Schritt, den wir im Außen gehen, zurück zu uns selbst, nach innen. Oder wie die Sufilehrerin Annette Kaiser einmal sagte: »Es ist wichtig, dass der Mensch versteht, dass er das, was er sucht, nur in sich selbst finden kann. Dass er versteht, es gibt nichts zu erreichen, nichts zu suchen, weil das, was der Mensch sucht, er selbst ist.«[2]

Der Herzensweg führt uns also nach Hause – zu uns selbst und zu unserem innersten Kern. Und letztendlich zu der Erkenntnis, dass es in Wirklichkeit gar keinen Weg zu gehen gibt, weil wir schon immer die waren, die wir auf unserer Suche finden wollten.

»Beim Losgehen auf meinem Herzensweg habe ich mich selbst und meine innere Wahrheit gesucht – und ich finde immer mehr davon. Ich habe Liebe und Vertrauen gesucht – und lerne immer neue Facetten davon kennen.«

(Sabine B.)

Sehnsucht

»Ich hatte ganz zu Beginn, noch bevor ich überhaupt ahnte auf dem Weg zu sein, eine sehr starke Vision. Diese Vision kam unerwartet, ich hatte nicht bewusst danach gesucht. In ihr stand ich ganz im Licht, war vollkommen ausgefüllt von Freude und fühlte mich ganz und gar lebendig. Ich wusste mit jeder Faser meines Seins, dass das genau das ist, was ich will, wo ich hin will – was auch immer das sein mag und wie auch immer das gehen soll. Diese wundervolle, leuchtende Vision hat mich weitergehen lassen, sie hatte eine enorme Strahlkraft und hat mir durch die dunklen Zeiten geholfen.«

(Angela Nordmann)

Der Aufbruch auf den eigenen Herzensweg beginnt meist mit einer inneren Sehnsucht. Diese Sehnsucht hat nichts mit der Sehnsucht nach mehr Ruhe, einem neuen Partner, einer neuen Partnerin oder einer aktiveren Freizeit zu tun. Vielmehr ist es eine ganz tiefe Sehnsucht, deren Erfüllung sich gleich einer inneren Notwendigkeit anfühlt. So kann sich diese Sehnsucht als Wunsch nach einem erfüllten Leben, danach, authentisch und im Einklang mit eigenen Wünschen und Visionen zu leben, ausdrücken. Vielleicht auch als Wunsch, zu wachsen, Verbundenheit zu leben. Oder wie bei Anna Platsch, die viele Jahre eine eigene Psychotherapiepraxis leitete, ehe sie sich ganz dem Kreativen Schreiben zu widmen begann, eine brennende Sehnsucht nach dem Göttlichen sein. Lange Zeit war ihr jedoch gar nicht klar gewesen, wonach sie sich wirklich sehnte. Sie projizierte ihre Sehnsucht auf dieses und jenes, bis zu einem einschneidenden, erhellenden Erlebnis, nach dem sie ihr Leben komplett umwarf. Sie war damals Ende 20, hatte alles in ihrem Leben, von dem sie immer geträumt hatte: »Erfolg, Karriere, einen Mann – Steffen –, den sie liebte, genügend Geld, eine große schöne Wohnung, einen Freundeskreis«[3] und wähnte sich glücklich. Aber als sie eines Tages in ihrer Praxis stand, spürte sie plötzlich ganz deutlich: »Das ist es nicht. Das ist nicht die Antwort auf meine lebenslange innere Sehnsucht.«[4] Was folgte, waren Schritte auf ihrem Herzensweg, von denen viele von außen ausgesehen haben wie Mut, innerlich aber einfach eine Notwendigkeit waren, wie sie mir in unserem Gespräch sagte. Die Frage *Kann ich den Schritt wirklich wagen?* habe sich gar nicht gestellt.

Manchmal kommt solch ein Bruch überraschend, manchmal aber auch schleichend als ein Gefühl der inneren Unstimmigkeit, des Knarzens. Als ein Gefühl, dass unser Leben so, wie wir es aktuell leben, uns nicht mehr entspricht, genährt von der Sehnsucht nach einem wahrhaft authentischen Leben. Dieser innere Bruch vermag die Phase, in der wir nach unserem Herzensweg suchen, einzuleiten. Vielleicht hat sich auch schon länger eine Leere oder Dumpfheit in uns ausgebreitet, die mittlerweile so groß geworden ist, dass sie sich nicht mehr ignorieren lässt.

> *»Es begann damit, dass ich mich gefragt habe, was der Sinn meines Lebens ist. Was ich gefunden habe, ist die Freude an dem, was ich tue. Die Freude und die Liebe zu den Dingen, die man nicht auf den ersten Blick sehen kann, und die Liebe und Wertschätzung meiner Selbst.«*
>
> (Susanne Wallimann)

Bei mir selbst gab es diesen Bruch nach dem Ende meines Geographiestudiums. Eigentlich hatte ich geplant, noch ein weiteres Vertiefungsstudium anzuschließen und zwischenzeitlich für ein halbes Jahr in die Praxis zu gehen, Praktika zu absolvieren, Forschungsunternehmen kennenzulernen, im Ausland zu arbeiten. Immer mehr spürte ich dabei: Das ist es nicht! Zugleich hatte ich jedoch zum damaligen Zeitpunkt keinerlei Ahnung, wo und wie mein Weg sonst weitergehen könnte. Dies sollte sich erst durch Zeiten der Stille in den darauffolgenden Monaten zeigen.

Die eigentliche Sehnsucht, die mich auf meinen Weg führte, lebt aber wohl schon viel länger in mir. Mit neun Jahren wollte ich Nonne werden. Als ich 14 war, besuchte ich einen Meditationskurs in einem Kloster – die restliche Gruppe, lauter Frauen über 70, schaute mich recht verdutzt an. Einige Jahre darauf ging ich für ein Wochenende in ein Benediktinerinnenkloster. Bücher über Nahtoderfahrungen, Buddhismus und Spiritualität an sich zogen mich schon immer an. Schreiben und Spiritualität gingen dabei seit jeher Hand in Hand. Denn mit neun wollte ich nicht nur Nonne werden, ich schrieb damals auch meinen ersten »Roman« in ein Schulheft – *Therese an der Ostsee* – reichlich bebildert mit Buntstiftzeichnungen. Als Schülerin begann ich für die lokale Tageszeitung zu schreiben, die Ausbildung zur Journalistin folgte während des Studiums. Allerdings waren während meines Studiums meine ursprünglichen Herzenswünsche und -wege noch oft von den Wünschen und Ansprüchen anderer Menschen überlagert: Freunden und Familie, Ausbildern und Professoren. So schien es mir nach dem Studium sinnvoller, nach einer Festanstellung in der Geographie zu streben und somit ein festes Einkommen zu haben, statt mich auf den unsicheren Boden eines Lebens als freie Journalistin zu begeben. Aber nicht erst die Zeit in einem Forschungszentrum zeigte mir, dass ich von meinem Herzensweg abgekommen war, sondern vor allem immer wieder auch die Begegnungen mit anderen Menschen, die mich aufrüttelten und erinnerten – an meine ursprüngliche Sehnsucht.

Etwa die Begegnung mit einem Freund, der zu Beginn meiner Studienzeit in mein Leben treten und dieses in seinen Grundfesten gründlich durcheinanderrütteln sollte. Wir wurden kein Liebespaar und viele Jahre unserer Beziehung waren geprägt von Funkstille. Und doch erinnerte er mich alleine durch sein Dasein immer wieder daran, dass es mehr im Leben gibt, als nur das, was wir sehen können, und dass andere Dinge wichtiger sind, als nur Geld und Karriere. Er gab meinem Leben eine neue Richtung, der ich unwiderstehlich folgen musste, und ließ mich zugleich spüren, wie es sich anfühlt *nach Hause* zu kommen. Die Begegnung mit ihm schliff mich, machte mich weich und verletzlich, ließ allzu harte Schichten aufbrechen.

Vielleicht bist auch du schon einmal solch einem Wegweiser begegnet – in Form eines Menschen, eines Buches, eines Seminars oder auch in der Natur. So unterschiedlich diese Hinweisschilder auch sein mögen, so zuverlässig fordern sie uns auf, in unsere Kraft zu kommen, sie wecken uns und lassen etwas in uns aufbrechen.

Damals, zu Beginn meines Studiums, mit 18 Jahren, war ich jedoch noch nicht so weit, diesen Weg wirklich zu gehen, die ersten Schritte auf ihm zu machen. Es sollte noch einige Jahre dauern, ehe er wirklich gangbar wurde. Die Jahre dazwischen waren wie eine Hinführung auf den Weg, auf dem ich nun seit einigen Jahren unterwegs bin.

Manchmal fiel es mir schwer, diese Zwischenzeit mit all ihren Fragen zu akzeptieren, aber ich erinnerte mich immer wieder an die Worte Rainer Maria Rilkes, der in einem seiner Texte davon schreibt, dass wir lernen dürfen, die Fragen selbst zu lieben und nach und nach in die Antworten hineinzuleben – um sie dann auch wirklich leben zu können.

Sinnfragen

> *»Anfangs habe ich mein Inneres über das Außen gesucht. Dabei war es längst schon da. Schon immer.«*
>
> (Silke Steigerwald)

Spüren wir wiederholt diese, manchmal noch unbestimmte Sehnsucht, dieses Aufbrechen in uns, werden zugleich Fragen auftauchen. Fragen, wie *Lebe ich wirklich das Leben, das ich leben möchte? Was ist eigentlich meine größte Sehnsucht? Folge ich meinem Herzen? Was nährt und erfüllt mich innerlich?*

Es sind Fragen, die sich nicht mal eben auf dem Weg zur Arbeit in der U-Bahn auf einem kleinen Zettel beantworten lassen. Vielmehr sind es Fragen, die uns oft über Wochen, Monate oder auch Jahre hinweg begleiten. Existenzielle Fragen nach dem Sinn. Sie bringen etwas in uns in Bewegung, geben einen Anstoß und bahnen sich immer wieder aufs Neue den Weg in unser Bewusstsein.

> *»Ich glaube, dass die beiden Sinnfragen im Leben, woher wir kommen und wohin wir gehen, unterschwellig durch eine dritte Frage ergänzt werden: Warum und wozu bin ich gekommen?! Für mich lässt sich der Herzensweg daran erkennen, dass diese dritte Frage beginnt, eine individuelle und befriedigende Antwort zu finden.«*
>
> (Susanne J.-G.)

Eine, die diesen Fragen ebenfalls gegenüberstand, ist die schamanische Künstlerin Cambra Skadé. Dass sie einen künstlerischen Weg einschlagen würde, war früh klar, und doch gab es zu Beginn ihres Weges diesen Moment, an dem sie auf der Schwelle stand: »Sollte sie wirklich der Kunst folgen, *für sie gehen*, wie Cambra Skadé gerne sagt? Nicht vor dem Studium, das stand für sie außer Frage, aber gleich nach

Abschluss ihrer akademischen künstlerischen Ausbildung. Sie wusste, sie würde in festen Arbeitsverhältnissen nicht glücklich werden, aber traute sie sich ein Dasein als freie Künstlerin wirklich zu? Cambra Skadé suchte die Antwort auf diese Frage auf ihre ganz eigenen Art und Weise. ›Ich hielt eine Wachnacht, schaute in die Dunkelheit und war ganz durch den Wind. Ich habe mich gefragt, wo ich die Entscheidung hernehmen soll, ob das alles wirklich trägt‹, erinnert sie sich. Die Nacht verging und mit Beginn des Morgens hatte sich die Entscheidung herauskristallisiert: Sie würde ihrem Weg weiter folgen. Sie hatte sich für den Weg als freie Künstlerin entschieden. ›Woher diese Entscheidung plötzlich kam, kann ich bis heute nicht sagen. Es war wie ein ganz tiefes Eintauchen in Seelenschichten und von dort die Antworten mitbringen. Dann war es streckenweise auch eine Trance und eine weite Reise zu meinen Spirits, den Ahnen und Wesensgeistern, mit denen ich mich verbunden fühle.‹«[5]

Wenn uns dies anspricht, können wir wie Cambra Skadé eine Wachnacht halten und in dieser unseren Fragen Raum geben. Es gibt aber auch andere Wege – wie eine Auszeit, eine Wanderung oder das Pilgern – von denen viele uns in die Stille führen. Denn insbesondere die Stille ist es, die uns solch einen inneren wie äußeren Raum bietet, in dem sich die Antworten zeigen können, die schon längst in uns sind.

Stille

»Ein Zen-Meister hat mal zu mir gesagt: ›Wenn du nicht weißt, was du machen sollst, meditiere.‹ Bislang hat das immer wunderbar funktioniert.«[6]

(Andrea Steimer)

Die Stille ist eine sehr weise und unterstützende Gefährtin auf dem Herzensweg, die uns zu den Antworten in uns führt und uns zugleich – wenn wir beispielsweise in sorgenvolle Gedanken und Ängste verstrickt sind – wieder Raum in uns spüren lässt. Besonders leichten Zugang zu ihr bekommen wir bei einer Auszeit. Ob ein Nachmittag alleine im Wald, ein Wochenende am Meer, eine mehrwöchige Reise oder eine Schweigezeit im Kloster – eine Auszeit kann ganz unterschiedlich aussehen. Vor allem spirituell und eher alternativ ausgerichtete Seminarzentren bieten oftmals die Möglichkeit, für einige Stunden Mitarbeit am Tag kostenlos mit der Gemeinschaft zu leben. Häufig kann zudem an verschiedenen Kursen oder Meditationen teilgenommen werden, die wiederum Impulse für das eigene Leben bieten.

»Gerade dann, wenn mir immer noch nicht ganz klar ist, wie mein Weg aussieht oder aussehen wird, ist es für mich wichtig, immer wieder innezuhalten und zu spüren, wo es weitergehen könnte.«

(Susanne Wallimann)

Die Stille führt uns dabei zurück zu uns selbst, tief hinein in unser Inneres. Dies auszuhalten, und damit uns selbst zu begegnen, ist nicht immer leicht, sind wir es doch meist gewohnt, uns permanent neuen Reizen auszusetzen, sei es Internet, Fernsehen, ein Buch oder ein Anruf bei Freunden. Unser Geist sehnt sich geradezu nach neuen Informationen und oft überkommt uns zunächst ein Gefühl der Beklemmung oder Einsamkeit, wenn wir einfach einmal nichts tun. Zugleich eröffnet sich dadurch innerlich wie äußerlich Raum. Dort, wo sonst jede Stunde verplant ist, entsteht auf einmal Freiraum, der neue Ideen, Lösungen und Impulse an die Oberfläche kommen lässt. Wir kennen es vielleicht aus dem Alltag: Die besten Ideen entstehen abseits der Arbeit, unter der Dusche oder bei einem Spaziergang. Ähnlich verhält es sich während einer Auszeit: Fallen all die äußeren Eindrücke und Reize weg, kann das, was bereits in uns ist, an die Oberfläche treten.

Ich bin hier, nur hier.
Habe aufgehört zu rennen.
Bin mein ganzes Leben lang gerannt,
ohne einmal stehen zu bleiben und mich zu fragen,
wohin ich eigentlich laufe.

Bin stehen geblieben,
hier bin ich.
Habe aufgehört zu laufen
und angefangen zu spüren.

Spüre,
was die nächsten Schritte auf meinem Weg sind.
Lausche in mein Innerstes.

Spüre,
wo das Leben mich hinzieht.
Spüre,
was mich unwiderstehlich anzieht.

Und folge dem Leben,
das mich trägt.[7]

Besonders eindrücklich habe ich dies bei einer Auszeit in der Schweiz erfahren. Es war in der Zeit nach meinem Studium und dem Praktikum in einem Forschungsinstitut, bei dem ich gespürt hatte, dass mein Weg hier nicht weitergehen würde. Doch wo dann? Fragen kamen auf: *Welchen Beruf soll ich nur ergreifen? In welchem Bereich arbeiten? Was ist wirklich meines? Wie kann mein weiterer Lebensweg aussehen?*

Bereits einige Monate zuvor hatte ich eine Woche in einem buddhistischen Seminarzentrum verbracht, dort mitgearbeitet – sprich Toiletten und Duschen geputzt, viel gespült, aber auch meditiert und die Stille im angrenzenden Buchenwald genossen – und mich wieder daran erinnert, dass Leben mehr bedeutet als nur das Streben nach Geld und Karriere. Nun, auf einem Schweizer Berg mit weitem Blick auf einen See und das Alpenpanorama, umgeben von Wiesen und Feldern, saß ich eines Nachmittags in tiefer Stille in meinem Zimmer und sah auf das Wasser hinaus. Dann nahm ich ein Blatt Papier und begann zu schreiben: Ich würde mich selbstständig machen, meine Website *Handgeschrieben.de* nennen, Kreative Schreibwerkstätten anbieten, ein Buch schreiben. Ich staunte: Alles war schon längst da. Dort, wo ich nur *Nichts* vermutet hatte, war *Alles* gewesen – es hatte nur Raum und Zeit gebraucht, um an die Oberfläche treten zu können.

Damit sind Auszeiten gerade in Phasen von Veränderung und Wandel, in denen sich der nächste Schritt noch nicht gezeigt hat, besonders hilfreich. Sie unterstützen uns dabei, den Kurs unseres Lebensweges neu auszurichten und uns der Antworten bewusst zu werden, die bereits in uns vorhanden sind.

Sehr passend ist es auch, solch eine Auszeit mit einer kreativen Tätigkeit zu kombinieren – sei es Schreiben, Malen, Fotografieren oder auch Tanzen. Bieten diese kreativen Methoden doch die Möglichkeit, das, was sich an Impulsen und Antworten zeigt, auszudrücken, zu Papier zu bringen und somit als Erinnerung an die nächsten Schritte mit nach Hause zu nehmen.

Stille mit Kreativität zu verbinden kann zum Beispiel bedeuten, sich während einer Auszeit einmal am Tag hinzusetzen – vielleicht draußen in der Natur oder an einem stillen, gemütlichen Ort im Inneren des Hauses – und innezuhalten: *Wo stehe ich gerade? Was steht jetzt an? Wo möchte ich hin? Wie kann der nächste Schritt aussehen?* sind Fragen, die wir in der Stille stellen und in ihr den Antworten lauschen können. Oder wir fragen einfach nur in uns hinein: *Was ist jetzt?* Es kann sein, dass sich zunächst nichts als Stille zeigt und die Impulse sich erst nach einigen Tagen den Weg in unser Bewusstsein bahnen. Das ist ganz normal, denn unser Geist muss erst einmal zur Ruhe kommen, um wieder klar sehen zu können. Dann aber gibt es meist kein Halten mehr und in jeder Stille-Zeit können wir tiefer in uns eintauchen und die Fragen stellen, die uns vielleicht schon lange beschäftigen und auf die wir im Alltag bislang keine Antwort finden konnten.

Wenn dir das Sitzen in Stille schwerfällt, kannst du auch ein bewegtes Innehalten ausprobieren und deine Fragen beispielsweise mit auf einen Spaziergang durch die Natur nehmen oder in einen freien Tanz und die aufgetauchten Impulse anschließend aufschreiben oder auf eine andere Weise festhalten.

Sitzen wie ein Berg

Diese Übung lädt dich ein, ganz bei dir selbst anzukommen und zu sitzen wie ein Berg. Kraftvoll und präsent in tiefer Stille. Auf diese Weise kannst du – wenn du die Übung mit in deinen Alltag nimmst – auch in diesem immer wieder Momente kraftvoller Ruhe und Stille genießen, die dir wie kleine Ruheinseln eine Mini-Auszeit vom Alltag schenken. Auf diese Weise wird dein Blick wieder frisch und klar und dein innerer Raum weit – beste Voraussetzungen, um zu erspüren, in welche Richtung es für dich weitergehen kann auf dem Weg.

Setze dich bequem hin (zum Beispiel auf ein Sofa, einen Sessel oder einen Stuhl) und schließe die Augen.
Spüre, wie dein Atem ein- und wieder ausströmt.
Ein und aus.

Spüre deinen Körper.
Kannst du deinen Kopf spüren?
Deine Schultern?
Die Arme?

Spürst du deinen Bauch?
Den Rücken?
Die Beine und die Füße?

Spürst du den Stuhl, den Sessel oder das Sofa, das dich trägt?

Komme wirklich an, in diesem Augenblick. Spüre dich.
Lass dich von deinem Atem in deinen Körper führen.

Und dann lasse das Bild eines Berges vor deinem inneren Auge entstehen. Dies kann ein großer oder kleiner Berg sein, bewaldet oder schneebedeckt, mit einem hoch aufragenden Gipfel oder mehreren kleineren Spitzen.
Lasse dieses Bild deines Berges immer deutlicher werden. Nimm ihn wahr – in seiner ganzen Schönheit.

Kannst du seine Präsenz spüren?
Die Kraft, Beständigkeit, Ruhe und das Geerdetsein, das er verkörpert?
Nimm diese Qualitäten des Berges bewusst wahr.
Kannst du dich mit ihnen verbinden?

Wenn du magst, versetze nun das Bild deines Berges in dich hinein und werde selbst zu diesem atmenden Berg. Präsent. Klar. Ganz in dir ruhend und verankert mit der Erde.

Spüre deine Verbindung mit der Erde.

Spüre, wie die Erde dich trägt.

Spüre, wie die Qualitäten des Berges – Klarheit, Ruhe, Präsenz und tiefe Stille – immer mehr auch deine werden, ja, eigentlich schon immer waren.

Spüre, wie du klar, ruhig, präsent und wahrhaft still wirst.
Verweile einige Zeit in diesem Gefühl vollkommener Stille.

Auch in deinem Alltag kannst du immer wieder zu diesem Bild deines Berges zurückkehren. Beispielsweise dann, wenn Stürme und Unwetter durch dein Leben ziehen und dich heftig erschüttern. Erinnere dich dann daran zu sitzen wie ein Berg, still, voller Vertrauen und geborgen in und auf der Erde, die dich trägt.

Verbinde dich nun noch einmal mit der kraftvollen Energie des Berges, ehe du wieder ganz zurückkehrst in diesen Raum und das Hier und Jetzt.

Achtsamkeit

»Es ist hilfreich, sich immer wieder bewusst zu spüren, um herauszufinden, wie der eigene Weg wirklich aussehen kann. Auf diese Weise kann ich klar meine eigenen Wünsche und Gefühle von den Stimmungen und Meinungen anderer Menschen um mich herum abgrenzen.«[8]

(Anando Würzburger)

Längere Zeiten der Stille in Form einer Auszeit schaffen einen Freiraum, der es uns ermöglicht, in unser eigenes Inneres zu lauschen und dort Antworten zu finden auf Fragen nach dem Wie und Wohin. Nicht immer ist es machbar, eine längere Auszeit einzurichten. Trotzdem können wir die Stille für unseren Weg und unseren Alltag nutzen. Die Achtsamkeit unterstützt uns darin, mitten im Trubel des Tages Augenblicke der Stille zu erfahren und aus ihnen Kraft zu schöpfen.

Einfach mal hier sein,
nur hier.

Nicht rennen, hetzen,
in Gedanken
oder von einem Ort
zum anderen.

Einfach mal hier sein
und das Leben spüren.

Leben,
mit jeder Faser
meines Körpers.

Die Achtsamkeit ist einer der Schlüssel, die uns helfen, die Stille in unserem Alltag zu entdecken. Indem wir innehalten und uns bewusst dem Moment zuwenden. Wir können das Warten an der Supermarktkasse mit einer Atembetrachtung verbinden, im Bus sitzen wie ein Berg und während wir an einer Ampel auf Grün warten, unseren Körper wie auch den Boden unter unseren Füßen spüren. Auf diese Weise integrieren wir Stille und achtsame Momente als eine Art Mini-Auszeit in unser Leben.

Je häufiger wir uns achtsam dem Moment zuwenden, desto öfter zeigt sich uns die Stille dann auch mitten im Trubel. Beispielsweise in jenen Momenten, in denen wir in der Innenstadt auf einer Parkbank sitzen, die Menschen um uns herum wahrnehmen, den Mann, der Gitarre spielt, den, der pantomimisch etwas darstellt, die Einkaufenden mit ihren Tüten. Alles geht seinen Gang und doch: Wir können hier sitzen, verweilend in tiefer innerer Stille, und sind einfach da, während wir beobachten, was um uns herum geschieht. Auch das ist Stille mitten in der Stadt. Mehr und mehr löst sich so die innere Stille von den äußeren Gegebenheiten und ist einfach präsent – egal, wie die Umstände gerade sind. Diese Form der Praxis schlägt zugleich eine Brücke zwischen unserem spirituellen Leben – in Meditations- und Yogakursen, in Retreats und Auszeiten – und unserem Alltag – stressig, voller Termine, uns selbst kaum spürend. Natürlich ist es einfacher zu entspannen, wenn die Geräusche um uns herum verstummt sind, aber das ist im Alltag selten der Fall. Wie heißt es doch so passend? Im Himalaya zu meditieren ist leicht, auf einer Verkehrsinsel mitten in Frankfurt ist es schon deutlich schwieriger. Letztendlich spielt sich aber hier das wahre Leben, unser Alltag, ab. Begreifen wir dies, wird die Stadt zu einem Ort, an dem wir üben können, die Grenzen zwischen Spiritualität und Alltag wie auch zwischen Anspannung und Entspannung fließender zu gestalten. Denn alle Übungen und Methoden helfen langfristig nichts, wenn sie nur auf bestimmte Stunden unseres Alltags – die Yogastunde, die Meditationszeit, den Entspannungskurs am Abend – begrenzt bleiben.

Es ist wie mit dem Gehen des Herzensweges: Es geht nicht darum, auf den vermeintlich perfekten Augenblick zu warten, um endlich loszugehen. Nein, wir können hier und jetzt, in diesem Moment, damit beginnen.

Mitten im Leben

Achtsam sein, mitten im Leben? Wie soll das gehen?
Sollte ich nicht in die Berge gehen,
an einen Ort der Kraft,
der Ruhe und Stille?
Oder zumindest in einen Wald, an einen stillen See?
Achtsam sein mitten im Büro,
im Familientrubel,
im Straßenverkehr?

Ja,
denn ich erinnere mich.
Jemand sagte mal zu mir:
Zu meditieren, ganz wach zu sein, ganz hier,
das ist einfach im Himalaya.
Doch auf einer Verkehrsinsel,
mitten in der Stadt,
da ist es eine wahre Herausforderung.

Ich möchte mich darin üben,
das Schreien der Kinder als Glocke der Achtsamkeit wahrzunehmen.
Das Hupen der Autos ebenso.
Das Klingeln des Telefons, ja auch das.

Eine Glocke der Achtsamkeit, die mich an mein Hiersein erinnert.
Wie eine gute Freundin, die sagt:

Wache auf aus deinen Gedanken,
sei wach,
sei hier,
sei ganz da,
mit deinem gesamten Bewusstsein in deinem Körper.[9]

Mögen dich die folgenden Übungen darin unterstützen, die Achtsamkeit als eine Freundin zu erfahren, die dich auf leichtem Wege zu einer inneren Stille führt. Du kannst die Übungen so oft durchführen, wie du magst. Vielleicht wird ja eine von ihnen eine ständige Begleiterin von dir.

Stille im Alltag

Diese Übung lädt dich ein, die Stille im Außen wie auch in deinem Inneren zu erforschen. Auf diese Weise wirst du dir zum einen der äußeren Stille bewusst und bekommst zugleich eine erste Ahnung von der Stille hinter der Stille, die unabhängig von dem existiert, was gerade im Außen geschieht.

Setze dich bequem hin (zum Beispiel auf ein Sofa, einen Sessel oder einen Stuhl) und schließe die Augen.
Spüre, wie dein Atem ein- und wieder ausströmt.
Ein und aus.

Spüre deinen Körper.
Kannst du deinen Kopf spüren?
Deine Schultern?
Die Arme?

Spürst du deinen Bauch?
Den Rücken?
Die Beine und die Füße?

Spürst du den Stuhl, den Sessel oder das Sofa, das dich trägt?

Komme wirklich an, in diesem Augenblick. Spüre dich.
Lass dich von deinem Atem in deinen Körper führen.

Nimm nun einmal die Geräusche in diesem Raum wahr.
Was hörst du? Lausche ihnen.
Gibt es eine Stille zwischen den einzelnen Geräuschen? Oder dauern sie an? Nimm einfach nur wahr.

Lausche nun der Stille zwischen den einzelnen Geräuschen. Ist sie immer da? Oder taucht sie auf und verschwindet wieder? Lausche ihr.

Und dann, schau einmal, ob du eine Stille hinter den Geräuschen entdecken kannst. Gibt es da noch etwas? Kannst du vielleicht eine noch tiefere Stille erahnen als die, die sich auf die Abwesenheit von Geräuschen bezieht?

Gehe nun mit deiner Aufmerksamkeit in dein Inneres. Was kannst du hier wahrnehmen? Gibt es eine Art innerer Geräuschpegel? Vielleicht in Form von Gedanken? Sind sie kontinuierlich oder kannst du ein Auftauchen und wieder Verschwinden ausmachen? Lausche ihnen, beobachte sie.

Kannst du auch hier eine Stille zwischen den inneren Geräuschen erfahren? Vielleicht auch eine Stille hinter ihnen? Nimm einfach nur wahr.

Diese tiefe Stille, die wir hinter allem – jedem Geräusch, jedem Lebensumstand und Moment unseres Lebens – wahrnehmen können, ist immer da. Unerschütterlich, kraftvoll und erfüllt von tiefem Frieden. Immer wieder können wir für einige Augenblicke in unserem Alltag zu ihr zurückkehren und uns somit auch selbst in dieser tiefen Stille verankern.

Nimm die Stille ein letztes Mal bewusst wahr und kehre dann in deinem Tempo zurück in diesen Raum und das Hier und Jetzt.

Atembetrachtung

Wenn wir unseren Atem bewusst wahrnehmen, kann uns dies helfen, ganz im Hier und Jetzt zu verweilen oder wieder in Verbindung zu kommen mit dem jetzigen Augenblick. Denn Atem ist immer Jetzt. Unsere Aufmerksamkeit auf dem Ein- und Ausströmen des Atems ruhen zu lassen hilft uns zugleich, ganz im Jetzt zu verweilen. Der Atem ist dabei wie ein guter Freund, der uns zuverlässig immer wieder aus unseren Zukunftsplänen oder Gedanken an die Vergangenheit zurückholt und verankert in diesem Augenblick.

Setze dich bequem hin und, wenn du magst, schließe die Augen.
Richte deine Aufmerksamkeit auf den Atem und nimm wahr, wie er kontinuierlich ein- und wieder ausströmt.
Ein und aus.
Nimm die Pause zwischen dem Ein- und dem Ausatmen wahr.
Nimm auch die Pause zwischen dem Aus- und Einatmen wahr.

Spüre, wie dein Atem fließt.
Vielleicht verändert er sich mit der Zeit, wird ruhiger oder tiefer.
Wenn du magst, spüre in deinen Körper hinein.
Spüre in deinen Kopf, die Schultern, deinen Oberkörper, die Arme.
Spüre in deinen Bauch, die Beine, deine Füße.

Gibt es Blockaden oder Verspannungen?
Wenn du möchtest, kannst du ein paar weiche Atemzüge an diese Stellen fließen lassen. Du kannst spüren, wie die Spannung immer mehr nachlässt.

Kehre nun zurück zu deinem Atem. Sei dir bewusst darüber, dass du atmest. Genau jetzt.
Betrachte den Fluss deines Atems.
Ein und aus. Kommen und Gehen.

Sollten deine Gedanken zwischendurch abschweifen, so ist das ganz normal. Kehre einfach wieder zurück zur Betrachtung deines Atems. Lass dich von deinem Atem immer mehr in deinen Körper und in den jetzigen Moment führen.

Setze nun für eine Weile die Betrachtung deines Atems in deinem eigenen Tempo fort und kehre dann langsam in deinen Alltag zurück.

Den Körper spüren

Wenn wir unseren Körper bewusst spüren, verbinden wir uns mit dem jetzigen Moment. Ebenso bekommen wir eine bessere Wahrnehmung dafür, wie es uns gerade geht, ob Schmerzen da sind oder ob es ein körperliches Bedürfnis wie Hunger oder Durst gibt. Wenn wir bewusst durch unseren Körper wandern, kann uns dies helfen, auch im Alltag bewusst und achtsam über längere Zeit bei einer Tätigkeit oder auch der Betrachtung von Atem, Gedanken oder Gefühlen zu bleiben. Diese Übung stärkt die Verbindung zu deinem Körper.

Für diese Übung ist es am besten, wenn du dich gemütlich hinlegst, sodass du deine Muskeln gut entspannen kannst. Vielleicht magst du dich auf dein Bett legen oder auf ein Sofa. Schau, ob du noch eine Decke brauchst, ein Kissen oder etwas anderes. Vielleicht möchtest du den Raum ein wenig abdunkeln oder das Telefon für die Dauer der Übung ausschalten.

Lege dich auf den Rücken, schließe deine Augen und spüre einige Atemzüge lang in dich hinein.

Kannst du wahrnehmen, wie dein Atem fließt?
Kannst du die Unterlage spüren, auf der du liegst?
Kannst du deinen Körper spüren, an den Stellen, an denen er die Unterlage berührt? Deine Hände, die Arme, den Hinterkopf, den Rücken, die Rückseite der Beine, deine Fersen.

Nimm nun deinen Kopf wahr – wie fühlt er sich an? Weich? Oder hart? Spürst du Verspannungen?
Kannst du das Kissen spüren, auf dem dein Kopf liegt?
Spüre hinein – in deine Stirn, den Hinterkopf, in deine Augen, die Wangen, deine Ohren, deine Nase, den Mund, dein Kinn.

Kannst du mit dem Einatmen deine Ohren wahrnehmen und ihnen beim Ausatmen zulächeln?

Gehe weiter zum Hals. Kannst du deinen Hals spüren? Was nimmst du wahr?
Wandere vom Hals zu deinen Schultern. Spürst du deine Schultern? Fühlen sich die linke und die rechte Schulter gleich an? Was spürst du?
Wenn du magst, nimm sie beim Einatmen wahr und lächele ihnen beim Ausatmen zu.

Gehe nun zu deinen Armen. Kannst du sie spüren? Von den Oberarmen bis in die Fingerspitzen? Wie fühlt sich der kleine Finger deiner linken Hand an? Und wie der kleine Finger an der rechten Hand?

Spüre jetzt in deinen Oberkörper hinein.
Wie fühlt sich dein Brustbereich an?
Wie der Bauch?
Ist er angespannt? Oder weich? Nimmt er den fließenden Atem in sich auf?
Wenn du magst, lächele deinem Bauch zu.

Gehe weiter zu deinem Rücken. Wie fühlt sich dein Rücken an – im oberen Bereich, im mittleren Bereich, im unteren Lendenwirbelbereich?

Spüre in deinen Unterleib hinein. Gibt es irgendwo Verspannungen, harte Stellen oder Schmerzen? Sende ein paar weiche Atemzüge dorthin.

Nun gehe weiter zu deinen Beinen – von den Oberschenkeln über die Knie hin zu den Unterschenkeln und den Füßen.
Spürst du dein linkes Bein?
Spürst du dein rechtes Bein?
Fühlst du Unterschiede zwischen beiden Beinen?
Kannst du den großen Zeh deines linken Fußes spüren? Und auch den rechten großen Zeh?

Spüre nun noch einmal in deinen gesamten Körper hinein und, wenn du magst, lass einige weiche Atemzüge vom Kopf bis in die Füße strömen und deinen Körper weich werden. Spüre anschließend noch einmal in deinen Körper hinein.

Wenn du soweit bist, komme langsam wieder zurück. Reck und streck dich. Wenn du magst, kannst du auch leicht deine Arme und Beine massieren. Und dann, zuletzt, öffne die Augen, reibe dein Gesicht und mache dich bereit dafür, wieder in deinen Alltag zurückzukehren.

Potenziale

»Ich glaube, dass es einen Sinn macht, dass wir hier sind. Wenn wir uns auf die Suche danach machen, bewegen wir uns bereits auf dem Herzensweg. Jeder Mensch hat ein eigenes Potenzial, was auch immer das sein mag. Das möchte sich entfalten und in die Welt. Irgendjemand sagte mal zu mir, wir wollen werden, als die wir gedacht sind. Ob sich das im Beruf, im Privaten oder irgendwo dazwischen zeigt, ist weniger wichtig.«

(Angela Nordmann)

In jeder von uns gibt es einzigartige Potenziale. Während die eine jede Pflanze zum Erblühen bringt, wohnt der anderen die Fähigkeit inne, Konflikte zu schlichten und Menschen zusammenzubringen. Wieder eine andere ist vielleicht für ihre Fähigkeit bekannt, zu erspüren, was eine Person, der es schlecht geht, braucht.

Auf dem Herzensweg und damit auf dem Weg hin zu einem wirklich authentischen Leben, wird auch der Wunsch größer werden, die eigenen Potenziale wirklich zu leben. Dabei kann es sein, dass diese Potenziale und Talente jahrelang brachliegen, ehe wir sie wiederentdecken. So wie eine Freundin, die seit vielen Jahren als Lehrerin arbeitet und erst mit Mitte 40 ihr Potenzial entdeckte, selbst Lieder zu schreiben und damit andere Menschen zu berühren und ihnen Mut zu machen auf ihrem Weg.

Meist werden wir erleben, dass es uns große Freude macht, unser Potenzial zu leben. Es ist aber auch möglich, dass sich unser Potenzial – wie diese tiefe innere Sehnsucht – wie eine Notwendigkeit anfühlt, vielleicht sogar unsere Bestimmung ist. Es ist etwas, das wir einfach tun müssen, weil wir spüren, dass es uns entspricht, dass es darum geht, diesen Aspekt jetzt zu leben.

Vor Kurzem habe ich von einer Afrikanerin gelesen, die schon vor ihrer Geburt auf ihr künftiges Leben vorbereitet wurde. Denn in jenem Dorf glaubt man daran, schon vor der Geburt erkennen zu können, für welche Aufgabe und mit welchem Potenzial jede Person auf die Welt kommen wird. Diese Afrikanerin war dazu bestimmt, die alten Rituale ihres Stammes zu bewahren und mit der westlichen Welt zu teilen – was sie heute mit großem Erfolg tut. Dies mag für uns eine sehr ungewohnte Sichtweise sein, doch auch bei uns gibt es immer wieder Menschen, die auf eine Weise leben, bei der wir spüren, dass sie ganz in ihrem Element, ganz nach ihrer Bestimmung zu handeln scheinen.

Und so können auch wir immer wieder innehalten und spüren: Gibt es da etwas, was mich unwiderstehlich anzieht? Eine Art zu leben, bei der ich spüre, dass ich ganz in ihr aufgehe? Vielleicht auch ein inneres Sehnen oder Streben, das mich seit meiner Kindheit begleitet?

Träume

»Mein Herzensweg begann sich zu formen, als ich die Liedermacherin und Sängerin Gila Antara kennenlernte. Obwohl ich bewusst in diesem Moment gar nicht danach gesucht hatte, wusste ich, dass diese Art des Singens mein Weg war. Plötzlich erinnerte ich mich wieder an die Träume meiner Kindheit und Jugend, an die ich aufgehört hatte zu glauben. Bis dahin hatte ich gelernt, mich mit meinen Träumen zu arrangieren und mich damit zu begnügen, mein Leben zu träumen.«

(Sabine B.)

Während unser Potenzial etwas ist, das wir von Geburt an – und vielleicht auch schon davor – in uns tragen, entstehen unsere Wünsche und Träume im Laufe unseres Lebens. Oft stehen sie dabei im Einklang mit unserem Potenzial. Über die Jahre vergessen wir jedoch häufig, was wir schon als Kinder getan haben und wie wir später leben wollten, hat man uns vielleicht doch gesagt, dieser Traum wäre nicht lebbar oder einfach Kinderquatsch. Dabei stecken in jenen Kindheitsträumen nicht selten die größten Samen für unseren Herzensweg – denn sie tragen sowohl etwas von unserem Potenzial, als auch von unserer inneren Sehnsucht und dem, was wir wirklich tun wollen im Leben, in sich.

Kindheitsträume

Erinnere dich einmal zurück an die Zeit, als du noch ein Kind warst. Wie hast du deine Freizeit am liebsten verbracht? Gab es ein bestimmtes Spiel, das du immer wieder gespielt hast? Etwas, das dir besonders viel Freude gemacht hat? Etwas, mit dem du ganz versunken viele Stunden verbringen konntest? Schreib einfach auf, was dir jetzt in den Sinn kommt.

Vielleicht bist du auch schon bereits seit einiger Zeit dabei, neben deinem normalen Alltag Neues in dein Leben zu bringen – beispielsweise das Tauchen, Bauchtanzen oder Erlernen einer neuen Sprache. Etwas, das dich innerlich ausfüllt und dich mit Freude erfüllt. In diesen Bereich dürfen wir einmal genauer schauen, kann er doch ein erster Hinweis darauf sein, in welche Richtung unser Weg weitergehen kann.

Herzenstätigkeit

Wenn du magst, notiere hier, was dir als Erstes zu folgenden Fragen in den Sinn kommt:

Was macht dir besonders viel Freude?

Bei welcher Tätigkeit geht dein Herz weit auf?

Wann ruft alles in dir laut Ja?

Manchmal kann es auch einige Jahre dauern, bis wir erkennen, was aus dem werden will, das wir vielleicht schon länger als Hobby oder aus purer Freude tun. So wie bei Jwala Gamper, die jahrzehntelang immer wieder Sätze, die ihr Kraft gaben, aufschrieb, ohne jedoch zu wissen, was damit einmal geschehen sollte. Bis sie zusammen mit ihrem Mann bei einer Tagung eben jene Sätze kombiniert mit Bildern in die Welt gab – und überwältigt davon war, wie sehr ihre Worte andere Menschen berührten. So wurden aus den Worten in den Heften nach und nach verschiedene Produkte und ihre *Signs*, wie sie die Schriftzeichen und Sätze heute nennt, zieren mittlerweile verschiedene Dinge wie Kissen, Wärmflaschen, T-Shirts und Kartensets.

Der erste Schritt besteht also immer darin, uns jener Wünsche und Träume wieder gewahr zu werden, ebenso wie dessen, was und tiefe Freude bereitet. Und dies in unser Leben zu bringen, wachsen zu lassen – und gespannt zu bleiben, was daraus werden will.

Ein Herzensweg ist einer,
der kein Aber kennt.
Es ist ein Weg der Freude,
der Leidenschaft,
des Lebens.

Natürlich werden Ängste kommen,
Sorgen,
Zweifel,

Kritik.
Doch wenn du weitergehst,
wirst du sehen,
dass alles gar nicht so schlimm war.
Es war ein schwacher Versuch,
dich davon abzuhalten,
das zu tun,
was du wirklich willst in diesem Leben.

Du nimmst deinen eigenen Platz ein,
erfährst deine ganze Größe.

Du lässt dein eigenes Licht leuchten
und bist nicht mehr zu übersehen.[10]

Herzenswegreise – Träume zurückholen

Diese innere Herzenswegreise lädt dich ein, verloren geglaubte Wünsche und Träume wieder zu dir zurückzuholen, dich an sie zu erinnern und sie auf diese Weise zu einem Bestandteil deines Lebens zu machen. Vielleicht mögen sie ein Hinweis für dich sein, wie dein Herzensweg aussehen könnte.

Setze dich bequem hin (zum Beispiel auf ein Sofa, einen Sessel oder einen Stuhl) und schließe die Augen.

Spüre, wie dein Atem ein- und wieder ausströmt.
Ein und aus.

Spüre deinen Körper.
Kannst du deinen Kopf spüren?
Deine Schultern?
Die Arme?

Spürst du deinen Bauch?
Den Rücken?
Die Beine und die Füße?

Spürst du den Stuhl, den Sessel oder das Sofa, das dich trägt?

Komme wirklich an, in diesem Augenblick. Spüre dich.
Lass dich von deinem Atem in deinen Körper führen.

Dann stelle dir vor, du stehst auf einer Wiese.
Die Wiese liegt inmitten einer sanften, hügeligen Landschaft. Einige hundert Meter entfernt beginnt ein Laubwald. Wenn du ein Stück weiter in die Ferne schaust, kannst du bereits die Berge erahnen.
Die Wiese, auf der du stehst, ist weit, die Sonne scheint und die Luft an diesem Tag ist angenehm mild.
Links von dir siehst du einen schmalen Feldweg, dem du nun folgst.
Auf diesem Weg kommst du vorbei an einem kleinen Bach, der frisches Wasser aus den Bergen ins Tal hinunterbringt.
Langsam windet sich der Weg ein Stück bergauf und hinter der nächsten Kurve hast du plötzlich eine wunderbare Aussicht ins Tal und weiter über Wälder, Wiesen und kleine Ortschaften. Wie klein alles von hier oben aussieht!
Du nimmst einen tiefen Atemzug und gehst weiter.

Irgendwann taucht eine Hütte vor dir auf.

Eine Hütte aus Holz, die sich ganz sanft in die Landschaft um sie herum einfügt. Neben dem Eingang, eigentlich rund um die ganze Hütte, wachsen bunte Wiesenblumen. Neugierig kommst du näher und siehst an der Tür ein Schild mit der Aufschrift »Herzlich Willkommen«. Darunter die Frage: »Suchen Sie etwas? Vielleicht werden Sie hier fündig!«
Komisch, denkst du, doch ja, eigentlich bist du ja wirklich auf der Suche. Mutig öffnest du die Tür und trittst ein.

Staunend schaust du dich um.

Damit hattest du nicht gerechnet.
All deine Träume, Sehnsüchte, Wünsche, all das, was du mal geliebt hast, was dir wichtig war und immer noch wichtig ist, ist versammelt in diesem Raum.
Manches hast du schon vergessen und Tränen treten dir in die Augen, als du es wiedererkennst. War manches doch eines der liebsten Dinge, die du hattest.

Du schaust dich um und entdeckst immer wieder Neues.
Sieh genau hin – woran erinnert dich der Gegenstand da hinten?
Und dieser dort?
Weißt du noch, das hier wolltest du auch nie aus den Augen verlieren ...
Sieh dich noch ein wenig um.
Was von den vielen Dingen hast du am meisten vermisst? Was möchtest du wieder mitnehmen?

Wähle sorgfältig aus, du weißt: Alles kannst du nicht mitnehmen, alles wirst du auch nicht mehr brauchen.
Spüre, was dir wirklich wichtig ist.
Siehst du den Rucksack, der in der einen Ecke der Hütte steht? Hierein kannst du das packen, was du mitnehmen möchtest.
Keine Sorge. Wenn du eingepackt hast, was dir Freude bereitet, wird es sich leicht

anfühlen und deinen Weg nicht beschweren. Während des Einpackens wird das, was du wieder mitnimmst, ganz selbstverständlich den Weg zurück in dein Leben finden. Das, was du eingepackt hast, wird dann nur mehr symbolisch als kleine Erinnerung in deinem Alltag dienen.

Packe nun deinen Rucksack.
Sieh dich noch ein letztes Mal um in diesem Raum.
Würdige all das, was hierbleiben wird. Danke ihm.
Und dann verabschiede dich.
Schließe sanft die Türe.

Nun stehst du wieder vor der Hütte.
Atme die frische Luft an diesem späten Nachmittag ein.
Wie fühlst du dich jetzt?
Mache dich dann auf den Rückweg hin zu der Wiese, von der aus du deinen Weg begonnen hast. Vorbei an der Ecke mit der guten Aussicht auf Wald, Berge und Ortschaften und weiter entlang am sprudelnden Bach, bis schließlich die Wiese wieder in deinem Blickfeld erscheint.

Nun stehst du wieder auf der Wiese.
Wie fühlst du dich jetzt?
Spürst du schon all das, was du mitgenommen hast aus der Hütte, in dir?
Wenn du magst, setze dich auf die Wiese und öffne deinen Rucksack. Nimm noch einmal jeden Gegenstand, den du mitgenommen hast, in die Hand.
Nimm ihn wirklich wahr.
Spüre, wie er wieder ein Teil von dir wird.
Und dann entscheide, ob du ihn dort auf der Wiese liegenlassen oder als Erinnerung mitnehmen möchtest.

Wenn du soweit bist, komme schließlich wieder zurück in diesen Augenblick.
Spüre dich in deinem Körper.
Kannst du deinen Kopf spüren?
Deine Schultern?
Die Arme?

Spürst du deinen Bauch?
Den Rücken?
Die Beine und die Füße?

Spürst du den Stuhl, den Sessel oder das Sofa, das dich trägt?

Spüre, wie dein Atem ein- und wieder ausströmt.
Ein und aus.
Komm wieder ganz an bei dir. Komme an in diesem Raum.
Dann öffne die Augen. Reck und streck dich ein wenig, wenn du magst.

Bleibe nun noch einige Zeit in dieser inneren Stille. Nimm dir ein Blatt Papier und male oder schreibe auf, was da noch in dir nachschwingt. Folge dem, was jetzt ist in dir.

Einzigartigkeit

Beim (Wieder-)Entdecken unserer Talente, Träume und Fähigkeiten dürfen wir uns daran erinnern, dass jede von uns etwas hat, das ihr besonders viel Freude macht. Etwas, was sie leben lässt – was Leben für sie bedeutet.

Es gibt ein schönes Gedicht von Ulrich Schaffer *Weil du einmalig bist*, in dem es darum geht, dass wir nur dann einen Unterschied machen, wenn wir wirklich das tun, was uns entspricht. Wenn wir authentisch sind und unserem Herzen folgen, statt dem, was andere als gut und passend für uns befinden. Indem wir unseren ganz eigenen Weg gehen, werden wir einmalig, unverwechselbar.

Du bist einmalig

Klebe dir heute einen kleinen oder größeren Aufkleber an einen Ort, an den du häufig am Tag schaust: in dein Portemonnaie, an die Küchentür, an deinen Schreibtisch, den Laptop oder an den Badezimmerspiegel. Wähle dabei ein Motiv, das Kraft, Stärke und Freude für dich symbolisiert. Oder nimm einen Blanko-Aufkleber und verziere ihn selbst mit einem Symbol deiner Wahl. Bei mir sind es beispielsweise kleine runde weiße Aufkleber, auf die ich eine Krone mit einem Herz in der Mitte stempele. (Wenn du keinen Aufkleber zuhause hast, ist das eine wunderbare Gelegenheit, dir etwas Gutes, Spielerisches zu gönnen und heute Nachmittag ein paar schöne Aufkleber zu besorgen).

Dieser Aufkleber ist die Erinnerung an dein eigenes Licht, deine ureigenste Kraft, an deinen Mut, deine Freude und daran, selbst gut und sanft zu dir zu sein. Pausen einzulegen, wenn du den Impuls danach verspürst. Innezuhalten, wenn dein Herz danach verlangt und die Sehnsucht in dir nach Stille ruft. Er ist die Einladung, dich jeden Tag immer wieder einmal zu fragen: *Was würde mir jetzt gut tun? Was würde ich jetzt – in diesem Augenblick – gerne tun?* und es dann einfach zu tun. Das kann etwas ganz Einfaches sein, wie eine Tasse Tee zu trinken, ein paar Blumen auf deinen Tisch zu stellen, eine Kerze beim Abendessen anzuzünden. Oder auch ein Ausflug am Wochenende, ein Tag ganz für dich alleine, ein schöner Film, den du dir anschaust. Spüre in dich hinein, was jetzt für dich das Passende ist, und dann nimm dir die Zeit, es zu leben.

Die Sufilehrerin Annette Kaiser spricht immer wieder vom unverwechselbaren Duft eines jeden Einzelnen. Sie selbst sagt von sich, sie habe ihre persönliche Geschichte mehr und mehr abgelegt, alte Dramen, scheinbar Wichtiges, wären immer mehr von ihr abgefallen, transparent geworden. Geblieben sei jedoch der einzigartige Duft.

Folgen wir unserem Herzensweg, so werden wir diesen Duft immer mehr zum Vorschein bringen. Dies kann zunächst ein radikaler Akt sein, und zwar an dem Punkt, an dem wir uns wirklich dafür entscheiden, unseren ganz eigenen Weg zu gehen. Plötzlich sehen wir – neben all dem, was schon da ist und uns entspricht – auch all die Stellen, an denen wir noch unfrei, noch nicht wir selbst sind.

Grundsätzlich ist der Weg hin zum ganz authentischen Sein jedoch eher ein andauerndes, langsames Geschehen. So, wie es auch viele Jahre gedauert hat, bis sich unser Schriftbild in der heutigen Form entwickelt hat – und damit eine ganz eigene, unverwechselbare und charakteristische Form eingenommen hat (sich gleichwohl vielleicht auch in Nuancen immer wieder verändert) –, so braucht es auch seine Zeit, bis sich unser Duft ganz entfaltet.

Je öfter wir dem folgen, was uns Freude macht und was uns innerlich erfüllt – sei es Blumen zu züchten, Marmeladen zu kreieren, im Hospiz auszuhelfen oder uns für die Umwelt zu engagieren –, desto authentischer werden wir mit der Zeit. Unser eigener Duft und damit unser unverwechselbares Sein machen uns für andere Menschen sichtbar und wiedererkennbar.

Es bedarf einer Zeit des mutigen und neugierigen Ausprobierens, um herauszufinden, was alles zu diesem eigenen Duft gehört. Vielleicht leben wir schon jetzt einen Teil unserer Talente und Fähigkeiten, doch ganz sicher haben wir unsere Möglichkeiten noch nicht ganz ausgeschöpft. So wie sich die Welt in einem ständigen Wandel befindet, so wandeln auch wir uns in jedem Augenblick und erfinden uns dabei selbst immer wieder neu. Dinge, die uns vor zehn Jahren noch wichtig waren, sind vielleicht längst aus unserem Leben verschwunden. Neues ist hinzugekommen.

Dabei können sich ganze Bereiche wandeln oder auch nur ihre Inhalte. Vielleicht waren wir schon immer sehr kreativ, aber unsere Ausdrucksweisen haben sich gewandelt mit der Zeit – das Töpfern ist weggefallen, dafür ist das Schreinern hinzugekommen und das Gärtnern begleitet uns seit jeher durchgehend.

Wage es, der Freude und der Neugierde zu folgen: Was wolltest du schon immer einmal ausprobieren? – Egal, wie abstrus, verrückt oder unpassend es zu deinem bisherigen Lebenslauf vielleicht auch zu sein scheint. Schau mit wachem Blick, was dich anzieht. Und dann: Tue es!

Dein Platz in diesem Leben

Heute ist ein neuer Tag. So neu, dass du neu anfangen kannst.
Ohnehin kannst du in jedem Augenblick neu beginnen. Neu denken, neu handeln, neu sein.

Du bist aufgewacht. Nun gehst du dem Tag entgegen – wohin wirst du gehen? Wo ist er, der Ausdruck deines eigenen, unverwechselbaren Lebens? Hast du ihn bereits gefunden? Oder bist du noch auf der Suche?

Was kannst nur du dieser Welt geben?

Wo du bist, da kann kein anderer sein.
Nur, wenn du du bist,
machst du einen Unterschied.

Wenn du magst, folge der Frage, lasse dich von ihr leiten: Was kann nur ich dieser Welt geben?

Ganz du

Diese Inspiration lädt dich ein, einmal nachzuspüren, wo und wann du die Freude darüber, ganz du selbst zu sein, schon in deinem Leben erfährst. Lasse zunächst die Inspiration in dir anklingen und folge anschließend schreibend den Fragen am Ende dieser Übung.

Die Masken abgenommen,
die Rollen fallengelassen

bin ich wieder
endlich wieder
die, die ich schon immer war.
Ich –
wer ist das?
Entdecke langsam immer mehr,
wer hinter all den Fassaden steckt.
Mit jeder Schicht,
die fällt,
wird das Pulsieren in mir stärker.
Wächst,
wächst weiter,
schwillt an zu einem Beben,
das sich mit nie da gewesener Kraft entlädt.
Ein Beben von der Kraft der Freude.
Der Freude,
endlich ich selbst zu sein.

Wie geht es dir mit der Freude darüber, ganz du selbst zu sein? Spürst du sie? Ist sie schon da in deinem Leben? Welche Erfahrungen hast du bislang mit ihr gemacht? In welchen Augenblicken spürst du sie, die Freude, ganz du zu sein?

Freude

> *»Ich bin immer meiner Freude und dem Gefühl gefolgt, dass es mir einfach gut tut, was ich tue. Wann immer ich dieses Gefühl verspürt habe, wusste ich, dass ich richtig bin. Wenn ich unsicher war, habe ich mich zudem gefragt, ob ich morgens gerne dafür aufstehe. Die Antwort kam immer direkt aus dem Bauch und hat mir Gewissheit gegeben.«*
>
> (Maria Ribbeck)

Uns die Freude zu bewahren ist mit das Wichtigste auf unserem Herzensweg. Denn sie ist uns zugleich Wegweiserin und Leitstern, hilft uns weiterzugehen in herausfordernden Zeiten. Wenn wir ihr folgen, sind wir unweigerlich auf dem richtigen Weg. Oder wie die Schriftkünstlerin Jwala Gamper sagt: Der Herzensweg ist für mich »der Weg, an dessen Rand *Freudeblumen* wachsen. Diese im Auge zu behalten und – falls diese *Freudeblumen* einmal weniger werden oder sogar ganz verschwinden – sofort und auf der Stelle einen neuen *Freudeblumen-Weg* zu suchen, das heißt für mich, dem eigenen Herzensweg zu folgen«[11]. Denn die Freude führt uns zu unseren bereits bekannten und noch gut verborgenen Potenzialen. Freude bedeutet auch innere Erfüllung. Verspüren wir diese Freude und Erfüllung beispielsweise beim Kreieren neuer Küchenrezepte, beim Einrichten und Dekorieren von Räumen oder auch beim Erlernen eines neuen Instruments, so können wir uns darauf verlassen: Hier sind wir richtig. Die Freude ist wie eine Spur, ähnlich einer Schnitzeljagd, bei der hier und dort kleine Pfeile am Wegesrand auftauchen, die uns an der nächsten Abbiegung den richtigen Weg nehmen lassen.

Zugleich ist die Freude auch Mutmacherin in schwierigen Zeiten. Sie lässt uns dranbleiben auf unserem Weg und schenkt uns immer wieder neuen Mut und Kraft, vermittelt uns ein inneres Gefühl von *Ja, hier bin ich richtig, das ist mein Weg.*

Manchmal braucht es auch kleine Erinnerungen an die Freude, denn sie neigt dazu, sich in unserem Alltag nur allzu rasch zu verflüchtigen. Dies kann zum Beispiel eine schöne, inspirierende Postkarte sein oder auch ein Freudeglas, wie ich es auf meinem Schreibtisch stehen habe. Es ist ein großes Glas voll mit bunten Schokodrops, verziert mit dem Schriftzug *Freude*. Jeden Tag erinnert es mich an die Freude und bringt mich zuverlässig wieder mit ihr in Verbindung.

Auch die schamanische Künstlerin Cambra Skadé greift gerne auf solche Erinnerungen zurück, die uns wieder mit unserer Magie verbinden. Besonders mag sie die Spiegelnotizen, die aus Sätzen bestehen wie *Ich bin die Königin meines Lebens. Ich bin gekrönt mit tausend Fähigkeiten* oder *Ich bin die Heldin meines Alltags.*[12]

Manchmal passiert es, dass ich muffelig und schlecht gelaunt werde, wenn ich beispielsweise zu lange am Computer arbeite. Das Tun ist vielleicht gerade eintönig, die Gedanken drehen sich im Kreis, die Motivation und die Freude haben sich schon vor einigen Stunden verabschiedet. Dann gehe ich ins Bad, auf die Toilette, blicke beim Händewaschen in den Spiegel und sehe daneben den Satz von Cambra Skadé: *Ich bin die Heldin meines Alltags*. Darunter eine Packung Seifenblasen und der Hinweis: *Für heldenhaft gute Laune einmal pusten*. Und dann kann ich gar nicht anders, ich muss einfach lachen.

Es sind solch kleine Dinge, Brüche in unserem gewohnten Trott, die uns wieder mit der Freude und unserer Magie verbinden. Das können große, offensichtliche Erinnerungen sein – wie ein Clownshut (wenn du magst, probiere es einmal aus, damit den Tag über zu arbeiten. Du wirst erstaunt sein, wie anders sich deine Arbeit und dein Sein plötzlich anfühlen), oder auch kleine, versteckte.

Ich mag ja die zweite Sorte am liebsten. Diese kleinen Erinnerungen, die für andere nicht gleich als solche ersichtlich sind. So trage ich beispielsweise bei (vermeintlich) besonders wichtigen Anlässen wie Vorstellungsgesprächen, Geschäftstreffen und Ähnlichem einen gestrickten Ring mit einer gestrickten Blume darauf. Wenn ich dann im Zug sitze, auf dem Weg zu besagtem Treffen, nehme ich vielleicht wahr, wie sich die Gedanken im Kreise drehen, wie Angst in mir aufsteigt und der Chor in meinem Kopf singt *Du kannst das nicht, du bist nicht gut genug, das wird sicherlich schiefgehen.* Fällt dann mein Blick auf den Ring, muss ich unweigerlich schmunzeln. Ich meine – wer kann eine erwachsene Frau mit einem gestrickten Blumenring noch wirklich ernst nehmen? Ich jedenfalls nicht. Es geht dabei nicht darum, sich selbst ins Lächerliche zu ziehen, sondern wieder inneren Raum zu bekommen. Raum, um zur Ruhe zu kommen, die inneren Wogen zu glätten und damit wieder einen frischen und klaren Blick auf die Dinge zu bekommen, wie sie wirklich sind. Sie sind nämlich meist ganz anders und viel harmloser als unser ganzes Kopfkino. Und so, wenn ich wieder verbunden bin mit der Freude und dem Mich-selbst-nicht-zu-ernst-nehmen, spüre ich wieder Raum und Weite in mir. Kann ich auf diese Weise innerlich einen Schritt zurücktreten, entspannt sich etwas in mir. Meist bin ich hinterher erstaunt, wie mühelos das Gespräch oder das Treffen verlaufen ist.

Dich mit der Freude verbinden

Was bringt dich zuverlässig wieder mit der Freude in Verbindung und hilft dir dabei, dich nicht immer allzu ernst zu nehmen? Vielleicht ist es ein besonderes Lied, ein lustiger Aufkleber an deinem Computer, ein schöner Stempel, eine Postkarte oder auch ein Clownshut, den du ab und an bei der Arbeit trägst, wer weiß. Nachfolgend kannst du dir eine kleine Liste machen, auf die du in zu ernsten Alltagssituationen zurückgreifen kannst:

1.

2.

3.

4.

5.

6.

7.

8.

9.

10.

Freude kultivieren und in dein Leben einladen

Nutze die folgenden Inspirationen als Anregung – probiere sie aus, verändere sie, entwickele ganz neue, eigene Ideen, um dich in deinem Alltag immer wieder an die Freude zu erinnern. Die Freude, du selbst zu sein, und an die dir zu jedem Zeitpunkt innewohnende Freude. Schau, was sich jetzt stimmig für dich anfühlt.

Ein Tagebuch der Freude

Was war heute schön? Was hat mir Freude bereitet? Oder auch: Was hat mich wieder in Verbindung gebracht mit meiner Freude? Du kannst dir diese Fragen jeden Abend stellen, gedanklich noch einmal durch deinen Tag wandern und die Antworten in einem Freude-Tagebuch notieren. Auf diese Weise sammelst du nicht nur viele wunderbare Momente, die dich immer wieder an die Energie der Freude andocken, sondern erfährst auch immer genauer, was *dich* erfüllt und was genau Freude für *dich* bedeutet.

Alltagserinnerungen

Ebenso kannst du kleine Erinnerungen in deinem Alltag verteilen. Bilder und Worte, die *Ja* sagen – *Ja* zum Leben, zu diesem Moment und zu dir, ganz so, wie du bist. Lasse dich durch dieses *Ja* daran erinnern, wie wundervoll du bist – mit einem Bild, einer Postkarte, einer Figur, einem Wort ... Verbinde dich auf diese Weise immer wieder mit deiner eigenen Kraft und Magie.

Spuren hinterlassen

Hinterlasse Spuren in deinem Alltag – das ist Freude pur! Ja, ich gebe es zu, ich habe eine kleine Bleistift-Sonne an die Küchenkacheln gemalt, ein paar getrocknete Blätter an einen roten Zimmerbalken geklebt, eine Blumenwiese auf den Bettrahmen gezeichnet und noch allerlei andere Dinge und Zettel mit Bildern und Worten verziert. Es muss nichts Großes sein, nichts, worüber sich nachher jemand aufregt. Es kann etwas ganz Kleines sein, was nur du kennst – denn dann sind diese kleinen freudvoll-magisch-geheimnisvollen Dinge noch verlockender.

Einmal habe ich von einer Konferenz gehört, in der jemand im langweiligsten Moment damit begonnen hat, ein Blatt Papier mit einem Smiley herumzugeben. Jeder, der das Blatt vor sich sah, musste unwillkürlich grinsen und fügte einen weiteren Smiley an. So wanderte das Blatt nach und nach mehrfach durch den Konferenzraum und am Ende ergab sich eine wunderbare Collage unterschiedlichster Smileys. Auf diese Weise kann Freude auch unglaublich verbindend sein in der Begegnung mit anderen Menschen.

Der Briefkasten

Viele von uns fürchten den Briefkasten – weil er meist nur Rechnungen enthält, leer ist oder überquillt vor Werbung. Doch wie wäre es, wenn du einmal aktiv die Freude in deinen Briefkasten einlädst? Du kannst ein Schild mit *Freude* oder *Schön, dass du da bist* anbringen, kannst ihn verzieren oder eine ganz neue Form von Briefkasten entwerfen (kürzlich habe ich einen alten Lederrucksack gesehen, der zum Briefkasten umfunktioniert wurde).

Der Ort, an dem du dich die meiste Zeit des Tages aufhältst

Entspricht dieser Ort deinen Bedürfnissen? Gibt es hier genug Raum für das, was dir wichtig ist, mit dem du dich gerne umgibst? Kommen diese Dinge überhaupt an diesem Ort vor? Wie sieht es aus mit der Freude an diesem Ort?

Ich selbst halte mich die meiste Zeit des Tages am Schreibtisch auf und so habe ich auf der einen Seite des Schreibtischs ein großes Freudeglas stehen, daneben ein paar Buttons mit gepressten Trockenblumen und einen Stein neben dem ein Zettel mit *Ja* liegt. Auf der anderen Seite des Tisches gibt es *Sabrinas magische Seifenblasen – lassen Wünsche wahr werden* (einfach ein neues Etikett für eine normale Seifenblasendose entwerfen) und eine Holzschnecke mit Rollen als Füße. Sehr viel Raum zum Spielen und für kleine Freudemomente also, wenn es mal wieder allzu ernst im Alltag werden sollte. Und während ich diese Zeilen schreibe, leuchtet mir auch noch eine riesige Sonnenblume von der Fensterbank entgegen – wenn ich sie sehe, muss ich augenblicklich lächeln. Egal, was gerade in mir oder um mich herum passiert. Mein Schreibtisch ist ein Ort, an dem ich mich sehr wohl fühle, umgeben von vielen Grünpflanzen, Postkarten mit wohltuenden Inspirationen und Motiven sowie einem wunderbaren Ausblick auf Kräuterbeete, Blumen, Büsche und Bäume.

Schau einmal, ob es etwas gibt, was du gerne an deinem Arbeitsplatz oder einem anderen Ort, an dem du dich oft aufhältst, verändern möchtest, sodass er noch besser zu dir passt.

Eine Krone für dich

Bring eine Krone in dein Leben. Das kann eine gebastelte Krone aus schönem Karton sein, die du bei Bedarf aufsetzt und dich auf diese Weise mit den Qualitäten deiner inneren Königin – und damit deiner Würde, Stärke und Kraft – verbindest. Es kann auch eine kleine Handtaschenkrone sein (ich trage zum Beispiel eine kleine, flache goldene Krone aus Metall in meinem Portemonnaie), die du immer mal wieder bei Bedarf unauffällig in deine Hand nehmen kannst – gerade auch in schwierigen Situationen oder Krisenzeiten, in denen wir das Würdevolle in uns nur allzu leicht vergessen. Oder aber du machst dir eine Spiegelnotiz wie *Ich bin die Heldin meines Alltags.*

Gegenwind

Nachdem sich erste Antworten auf die Frage nach dem, was uns innerlich erfüllt und wie unser Herzensweg aussehen kann, gezeigt und wir es vielleicht sogar schon gewagt haben, Freunden und der Familie von unseren wiederentdecken Träumen und Potenzialen zu erzählen, kann es sein, dass wir recht bald auf Gegenwind stoßen.

Die Entscheidung für unseren Herzensweg und damit für uns, unsere Bedürfnisse und ein authentisches Leben, ist immer ein großer Schritt, der nicht nur unsere eigenen Ängste, sondern auch die der anderen auf den Plan ruft. So sagen Freunde und Familienmitglieder vielleicht zu uns: *Wie kannst du nur! Das wird garantiert schiefgehen! Du hast doch viel zu wenig Geld, nicht genug Wissen und zu wenig geplant!*

Es ist oft schwierig, sich davon nicht beeinflussen zu lassen. Denn unser Verstand springt nur allzu gerne auf diese Bedenken auf und setzt unser eigenes Kopfkarussell in Gang: *Wird das wirklich gutgehen? Kann ich das wirklich? Darf ich das überhaupt? Was, wenn die anderen Recht behalten? Was, wenn ich scheitern sollte?*

Müssen wir uns jedoch wirklich durch diese Fragen, Ängste und Bedenken an unserem Weg hindern lassen? Oder ist es nicht viel eher so, wie es der viel zitierte Spruch so passend auf den Punkt bringt: Alle sagten: »Das geht nicht.« Dann kam einer, der wusste das nicht, und hat's einfach gemacht.

> *»Erst seit wenigen Monaten bin ich unterwegs auf meinem Herzensweg. Zu Beginn des Weges bin ich sehr vielen Herausforderungen begegnet: Einwände der Vernunft, die fragte, was denn mit Geld und Sicherheiten sei. Menschen aus meinem engeren Umfeld, die mich davor warnten, diesen neuen Weg zu gehen. Alte Muster, denen ich immer wieder gefolgt bin. Doch je mehr ich der Herzensfreude gefolgt bin, umso größer wurde auch die Freude darüber, dass ich gehe – und wie sich dies positiv auf mich und anschließend auch auf mein Umfeld ausgewirkt hat! Heute hat sich die anfängliche Skepsis der anderen in positive Rückmeldungen gewandelt.«*
>
> (Monika K.)

Einfach weiterzugehen und diesen Hindernissen offenen Herzens zu begegnen ist nicht immer leicht, ganz gewiss nicht. Vor allem, wenn wir spüren, dass es gerade den Menschen am schwierigsten fällt, uns auf unserem Weg zu unterstützen, die uns am nächsten stehen – beispielsweise unserem Partner, unserer Partnerin oder auch unserer Familie. Dies fordert uns heraus, wieder stärker in unsere eigene Kraft und ins Vertrauen zu kommen und gehend zu erfahren, dass wir sehr wohl die Kraft haben, unserem eigenen Weg zu folgen.

> *»Die Angst vor der drohenden Veränderung und vor Verlust war mehr als ein großer Stein, mindestens ein Felsen. Ich habe relativ früh gespürt, dass meine Ehe diese Veränderungen in mir nicht gut aushält. Alle Versuche, das Alte zu retten und weiterzugehen, sind gescheitert. Der Ruf in meinem Inneren war so stark, dass ich das Unmögliche getan und mich tatsächlich getrennt habe. Das ist jetzt zwölf Jahre her, ich bin längst mit einem anderen Mann glücklich, und ich staune immer noch, dass ich die Kraft hatte, mein Lebenskonzept, mit allem, was daran hing, aufzugeben. Mich zu trennen und unserer Tochter eine Scheidung (mit all den Folgen) zuzumuten, war die schwerste Entscheidung für mich.«*
>
> (Angela Nordmann)

Sanft und mitfühlend mit uns selbst zu sein – auch daran dürfen wir uns immer wieder erinnern, nicht nur wenn wir den Gegenwind auf unserem Weg spüren. Gegenwind, der nicht nur von Freunden und der Familie kommt oder durch eigene Unsicherheiten und geringes Selbstwertgefühl genährt wird, sondern der auch gesellschaftlich bedingt ist. Denn unsere Gesellschaft fördert im Allgemeinen leider nicht unbedingt Menschen, die eigenen Visionen und Träumen folgen möchten, zumal wenn diese nicht in vorherrschende Lebenskonzepte passen. Wir haben in der Regel gelernt, Dinge zu tun, weil sie vernünftig sind. Wir haben gelernt, uns anzustrengen, zu kämpfen, viel und hart zu arbeiten, um unser Geld zu verdienen. Zeigen wir nun anderen durch das Gehen unseres Weges, dass es durchaus möglich ist, das zu tun, was uns wirklich erfüllt, so ruft dies nicht nur bei uns, sondern auch bei den anderen erst einmal alle alten Ängste und Widerstände auf den Plan. Denn plötzlich können wir uns – und damit auch die anderen sich – nicht mehr bequem mit all den Ausreden von *kein Geld, keine Zeit, nicht möglich* zurücklehnen. Denn sie sehen: Es geht. Auf gewisse Weise sind wir zugleich Pioniere für den Wandel einer Gesellschaft, die immer mehr erkennen wird, welches Potenzial darin steckt, wenn Menschen wirklich ihrem Herzen und damit auch ihren Stärken folgen.

Viele Projekte und Herzenswege scheitern aber auch an den überzogenen Erwartungen an uns selbst. Nämlich der Erwartung, alles auf einmal machen zu müssen. Dieses *Alles* türmt sich dann schnell wie ein riesiger Berg vor uns auf. Sehen wir nur diesen Berg vor uns, raubt er uns mit seiner schier unbezwingbaren Größe oftmals jede Kraft und lähmt uns bereits, ehe wir überhaupt losgegangen sind. So kann es zum Beispiel sein, dass wir ein Buch mit 200 Seiten schreiben oder eine Ausbildung zur Tanztherapeutin beginnen wollen. Sehen wir nur die Menge an Seiten oder die hohen Kosten für die Ausbildung, so neigen wir rasch dazu zu sagen: *Geht nicht, zu teuer, viel zu aufwändig, das kann ich nicht.* Oder aber wir verfallen ins andere Extrem, fangen an zu kämpfen und setzen uns unter Druck, damit unser Traum auf jeden Fall Wirklichkeit wird – nur um kurze Zeit später vollkommen erschöpft und frustriert aufzugeben.

An diesem Punkt werden viele Ideen und Vorhaben aufgegeben, denn die Erwartungen sind so hoch, dass sich Erfolgserlebnisse gar nicht erst einstellen können, die uns Mut machen würden, weiterzugehen. Was uns wirklich hilft, unsere Pläne und Projekte zu verwirklichen, ist die Ausrichtung auf das Jetzt: Was kann ich *jetzt* tun? Es gibt immer etwas zu tun! Wir können jetzt drei Seiten an unserem Buchprojekt schreiben – und jeden Tag drei weitere. Dann sind wir in etwas mehr als zwei Monaten damit fertig. Wir können auch ein Schnupperwochenende in Tanztherapie belegen, Holz besorgen, wenn wir mit dem Schnitzen beginnen wollen, oder uns ein Buch über Permakultur oder Tierkommunikation zulegen. Die Vorstellungen von uns als

Super-Autorin oder erfolgreiche Gärtnerin existieren lediglich in unserem Kopf, der Gang zum Buchladen oder die Fahrt zum Seminar sind aber das, was jetzt wirklich geschieht. Hier können wir ansetzen und beginnen. Wenn wir unsere scheinbar unbezwingbar großen Projekte in kleine Schritte und Portionen unterteilen, werden sie gangbar, der Berg verliert seinen Schrecken und wir behalten die Freude beim Gehen unseres Herzensweges.

Schritt für Schritt

Schreibe zunächst auf, was es ist, was du heute tun kannst:

Und dann: Tue es!

Wenn du merkst, dass dich etwas abhält, spüre tief in dich hinein.

Was ist es, was dich noch davon abhält, zu tun, was du jetzt tun möchtest und tun kannst? Schaue tief. Was ist es?

Und nun frage dich: Wenn ich sicher sein könnte, dass nichts passiert, was würde ich ganz konkret als Nächstes tun? Folge schreibend deinem ersten Gedanken, der dir dazu in den Sinn kommt.

Alltagsproviant

Bei Gegenwind auf dem Herzensweg ist es gut, stärkenden Reiseproviant zu haben. Denke einmal zurück an schwierige Zeiten in deinem Leben. Vielleicht an Krankheiten, Trennungen, Krisen und Umbrüche.

Was hat dir in diesen Zeiten immer wieder neue Kraft und Mut gegeben?
Was hat dich trotz aller Stürme, die in dir und um dich herum tobten, weitergehen lassen?
Woraus schöpfst du Kraft?
Was nährt dich innerlich?

Nutze die Methode des Clusterns, um dich diesen Fragen zu nähern. Zeichne hierfür in die Mitte eines Blatt Papiers einen Kreis und schreibe »Meine innere Schatzkiste« oder auch »Was mich nährt« (je nachdem, was dir besser gefällt) in den Kreis. Lasse nun deine Gedanken und Impulse, die in dir auftauchen, sich in Form von Verästelungen, ausgehend von diesem Kreis, verzweigen.

Ein Beispiel: Wenn du »Die Natur« in den Kreis notierst, könnten ausgehend davon weitere Verzweigungen mit Worten wie »Spaziergang im Wald« oder »Ein Wochenende mit Freunden am See« folgen. Fülle auf diese Weise deine innere Schatzkiste.

Deine innere Schatzkiste

Das, was du in der obigen Übung notiert hast, ist bereits der erste Teil für deine Schatzkiste. Lasse sie nun noch wachsen um deine Stärken und um Kraftorte und -tätigkeiten. Du kannst all dies in Papierform festhalten und wie eine Art Notfallset immer greifbar haben (vielleicht notierst du dir die Dinge in einem schönen Notizheft oder legst die Blätter in eine Mappe oder Dose).

Merkst du, wie der Gegenwind von außen oder auch aus deinem Inneren stärker wird, so musst du nicht erst darüber nachdenken, was dich jetzt unterstützen könnte, sondern kannst einen Blick in deine Schatzkiste werfen und etwas daraus auswählen, was dir jetzt gut tun würde.

Deine innere Schatzkiste enthält:

Deine Stärken

Geh im Geiste einmal verschiedene Situationen durch, die du bislang in deinem Leben privat wie auch beruflich erlebt hast. Wo warst du schon einmal mit besonderen Schwierigkeiten, Ängsten oder Umbrüchen konfrontiert, die du gut gemeistert hast? Und was war es, das dich darin unterstützt hat, gestärkt aus dieser Situation wieder herauszugehen? Hast du vielleicht besonders ruhig und besonnen reagiert? Oder erfahren, dass du weitaus kraftvoller bist, als du dachtest? Hast du den Überblick bewahrt und eine passende Lösung angebracht? Vielleicht auch die Rückmeldung von anderen Menschen erhalten, dass sie dich dafür bewundern, wie du dich in dieser Situation verhalten hast?

Greife drei Erinnerungen heraus und schreibe in einem kurzen Text auf, was du jeweils erlebt hast, was besonders schön, nährend oder erkenntnisreich an dieser Situation für dich war und welcher Stärke du dir in dieser Situation bewusst geworden bist.

Wenn du magst, kannst du diese Übung zu einem regelmäßigen Ritual werden lassen, beispielsweise jede Woche drei Situationen notieren (dies können auch aktuelle Situationen sein). Auf diese Weise kann du den Blick für deine Stärken schärfen wie auch deine innere Schatzkiste wachsen lassen.

Kraftorte

Stell dir einmal vor, du wärst sehr niedergeschlagen, erschöpft oder traurig. An welchen Ort würdest du gerne gehen? Wo fühlst du dich wohl und beheimatet? Erzähle schreibend die Geschichte dieses Ortes und was er dir gibt.

Vielleicht magst du auch mehrere solcher – inneren und äußeren – Orte besuchen und dir bewusst werden, welche Kraft von ihnen ausgeht. Auf diese Weise bekommst du nach und nach ein immer sichereres Gespür dafür, wann dir der Aufenthalt an welchem Ort besonders gut tut. Zugleich erhältst du so einen Überblick und ein Bewusstsein für deine ganz persönlichen Kraftorte.

Krafttätigkeiten

Nimm nun noch einmal an, es ginge dir gerade nicht so gut. Wenn du dich einmal erinnerst: Was hat dir in der Vergangenheit in solch einer Situation geholfen? Was hat dich genährt, dir neue Kraft geschenkt oder dich wieder in Kontakt gebracht mit deiner Freude?

Wenn du magst, notiere stichpunktartig oder in Form eines Textes all die Tätigkeiten, die dich nähren.

Übrigens: Du kannst, wenn du magst, deine Schatzkiste mit all den Stärken und Kraftorten und -tätigkeiten stetig weiter wachsen lassen. Ergänze sie einfach nach Herzenslust, wenn dir etwas in den Sinn kommt oder du dir heute einmal bewusst Zeit nehmen magst, um sie weiter zu füllen.

Ungeduld

»Es gibt und gab unzählige Themen, denen ich beim Gehen des Weges schon begegnet bin. Früher dachte ich, irgendwann habe ich alles gelöst und dann kann das Leben beginnen. Heute weiß ich, dass es einfach spiralförmig immer tiefer geht, dass mich meine Themen begleiten und mich immer mehr in die Tiefe und zu mir führen.«

(Sabine B.)

Haben wir den großen Berg nun in kleine, gangbare Schritte und Etappen unterteilt, so kann es sein, dass uns nach diesen ersten Schritten auf unserem Herzensweg das Gefühl überkommt: Es geht nicht schnell genug! Unsere Projekte und Ideen scheinen zu langsam voranzukommen, wir beginnen uns mit anderen Menschen zu messen, die im gleichen Zeitraum mehr umgesetzt haben, oder wir vergleichen uns mit unserem Lieblingsautor, der jedes Jahr einen neuen Bestseller auf den Markt bringt, der Vorbild-Therapeutin oder der großen Künstlerin, die schon seit 20 Jahren Ausstellungen macht. Und kommen zu dem Schluss, selbst schlecht und unfähig zu sein.

Dabei übersehen wir meist, was sich in den vergangenen Tagen, Wochen, Monaten oder Jahren schon alles entwickelt hat: All die neuen Dinge, an die wir uns gewagt haben. All das, was wir ausprobiert, voran gebracht, neu betrachtet, überlegt, losgelassen und neu begonnen haben.

Wenn wir eine Blume zwingen, sich zu öffnen, werden all ihre Schönheit und ihr Duft zerstört sein. Habe Geduld und erlaube den Dingen, in ihrer eigenen, natürlichen Zeit zu geschehen. Diesen Spruch hat mir eine Freundin vor einiger Zeit geschickt. So wie mit der Blume, so ist es auch mit unserem Herzensweg: Wenn wir uns zwingen, schneller zu gehen, uns unter Druck setzen und unseren eigenen natürlichen Rhythmus verlassen, wenn wir unseren Weg künstlich und ohne Freude vorantreiben wollen, hindern wir ihn letztendlich daran, sich in seiner ganzen Schönheit zu zeigen. Wir erlauben ihm nicht, sich in dem für ihn passenden Tempo zu entwickeln und sich in seiner ganzen Größe zu entfalten. Den Dingen ihre Zeit zu geben, ist nicht zu verwechseln mit Nichtstun und darauf hoffen, dass irgendein Schicksal oder Zufall die Dinge für uns regeln wird! Es ist vielmehr ein Handeln zur rechten Zeit, das sich aus einem inneren Gefühl der Stimmigkeit für den passenden Moment des Handelns ergibt. In solchen Momenten spüren wir meist eine große innere Übereinstimmung mit unserem Vorhaben – ein inneres *Ja*, ein positives, gestärktes Gefühl, gegründet in tiefer Ruhe.

Da ist es wieder,
ich spüre es.
Etwas Neues drängt nach außen,
will sich zeigen,
sich Raum nehmen.
Möchte all das ergänzen,
was schon längst da ist,
aber oft übersehen bleibt.
So schaue ich hin,
schaue nochmal hin.
Entdecke, was ich vorher nie gesehen habe.
Ein Strahlen breitet sich aus auf meinem Gesicht.[13]

Gerne möchte ich dazu eine Geschichte mit dir teilen, die ich vor ein paar Jahren erlebt habe. Damals wurden in dem Park, in dessen Nähe ich wohnte, neu ausgetriebene Äste von Bäumen abgeschnitten und auf einen großen Haufen gelegt. Als ich die Äste bei einem Spaziergang entdeckte, habe ich einige von ihnen mitgenommen und in eine Vase gestellt. Das war Anfang Februar und ich hoffte auf ein paar grüne Blättchen im grauen Winterwetter. Wochenlang war nichts zu sehen – außer den dunkelroten Knospen, die sich bereits an den Ästen gebildet hatten. Eines Tages begann eine Knospe jedoch langsam aufzugehen. Die rote Knospenhülle wurde immer mehr zurückgedrängt, weitere hellgrüne, frische Umhüllungen kamen zum Vorschein. Jeden Tag schaute ich dem Wachstum des Blattes, das sich langsam aus der Knospe zu schälen begann, zu. Doch es dauerte und dauerte. Ich wurde ungeduldig. Am liebsten hätte ich die Knospe aufgeschnitten, um zu schauen, was für ein Blatt darin ist – doch ich wusste ja, das würde nichts bringen. Ganz langsam wurde der erste Ansatz eines Blattes sichtbar. Meine Ungeduld stillte er nicht. Dann plötzlich sah ich, dass weiter unten, an einem anderen Ast, eine Knospe schon komplett aufgegangen und das Blatt daraus bereits einige Zentimeter gewachsen war. Es war ein Lindenblatt. Ich hatte so verbissen auf die eine Knospe gestarrt, dass ich gar nicht bemerkt hatte, dass die andere schon längst offen war.

So ist es oft, wenn uns Missmut, Ungeduld und schlechte Laune in ihren Bann ziehen wollen. Sie gaukeln uns vor, wir seien zu langsam, nicht schnell genug, noch nicht gut genug und verschleiern uns damit den Blick auf das, was schon längst da ist, was alles schon entstanden ist und sich entwickelt hat. Wir sehen den Wald vor lauter Bäumen nicht.

Und doch, wenn wir einen Schritt zurücktreten und wieder das ganze Bild, statt nur den (vermeintlich) nicht perfekten Ausschnitt sehen, dann kehrt auch die Freude an unserem Weg wieder zurück. Unser Blick, unsere Gedanken und unser ganzes Inneres werden wieder weit und empfänglich für die eigentliche Freude, die mit unserem Herzensweg, dem Ausprobieren, Gehen und Neuentdecken, verbunden ist.

Der nächste Schritt

Wenn möglich, gehe in die Natur, suche dir Raum und Weite und lasse dort die folgenden Fragen auf dich wirken:

Gibt es einen nächsten Schritt, den ich gehen möchte?
Ist er schon gangbar? Fehlt noch etwas dazu?
Wie möchte ich weitergehen auf meinem Herzensweg?
Was steht aktuell an? Ist es eine Zeit des Innehaltens, des Werdens und Reifens oder des Handels?
Wenn ich mir vorstelle, den nächsten Schritt zu tun – wie fühlt es sich an? Braucht es noch etwas, damit es sich gut anfühlt? Was fehlt noch?
Wenn ich mir vorstelle, den nächsten Schritt zu tun – tauchen Bilder vor meinem inneren Auge auf? Wie sehen sie aus?
Wenn ich mir vorstelle, den nächsten Schritt zu tun – höre, sehe, rieche oder schmecke ich etwas?

Nimm die Antworten, die in dir aufsteigen, einfach nur wahr. Bewege sie in dir. Lasse sie nachklingen. Und wenn du magst, schreibe später auf – in der Natur oder wieder zuhause –, was da noch immer in dir schwingt.

Synchronizitäten

> *»Neue Wege haben sich dann aufgetan, wenn ich nichts mehr erwartet habe. Erwartungen sind eigene Kreationen. Wunder passieren dann, wenn man nichts erwartet.«*
>
> (Silke Steigerwald)

Wenn wir unser inneres Ja zum Herzensweg geben, beginnt damit ein Prozess, den Julia Cameron in dem Buch *Der Weg des Künstlers* einmal sehr schön beschrieben hat. Es beginnt eine Zeit, in der Ereignisse scheinbar zufällig zusammentreffen, etwas, das C. G. Jung Synchronizität genannt hat. Gemeint ist damit, dass im Außen etwas passiert, wenn wir uns im Inneren bewegt haben. Wenn du dich zum Beispiel wirklich aus dem Herzen entschieden hast, von der Stadt aufs Land zu ziehen, werden dir Menschen und Situationen begegnen, die diesen Schritt unterstützen, vielleicht hörst du sogar über Dritte oder Vierte, dass ein Hof zum Verkauf steht oder es eine kleine freie Wohnung am Rand deines Wunschdorfes gibt. Wichtig ist, dass erst der innere Schritt getan werden muss, die innere Entscheidung gefällt wird, bevor im Äußeren etwas *zufällig* passiert. Das *Was* muss vor dem *Wie* kommen, wie Julia Cameron es formuliert[14].

Wenn wir bereit dazu sind, den nächsten Schritt zu gehen, sorgt das Leben (Gott, das Universum, das Große Ganze, Mutter Erde – wie immer du es nennen magst) für uns, indem sich Dinge wie von alleine fügen – auch so ließe sich Synchronizität umschreiben. Ich habe diesen Prozess viele Male selbst erleben dürfen, seit ich den ersten Schritt auf dem Weg getan habe. Je weiter ich gehe, desto mehr häufen sich die vermeintlichen *Zufälle*, Geschenke und unerwartete Lösungen für auftauchende Probleme. Besonders eindrücklich war es jedoch bei einigen Prozessen zu Beginn meiner Selbstständigkeit. So hatte ich ja bei meiner Auszeit in der Schweiz unter anderem aufgeschrieben, dass meine neue Website *Handgeschrieben.de* heißen würde. Voller Tatendrang kam ich nach der Auszeit zurück nach Hause – und musste feststellen, dass diese Domain schon vergeben war. Ich kontaktierte den Inhaber der Domain und fragte ihn per E-Mail, ob er sie verkaufen würde. Würde er – für 2.000 bis 7.000 Euro, das sei der aktuelle Marktwert. Ich musste schlucken. Hatte ich doch gerade das Studium beendet und solch hohe Rücklagen waren nicht vorhanden. Ob wir nicht vielleicht Dienstleistungen tauschen könnten – Schreibcoachings gegen Domain, fragte ich ihn retour. Um es kurz zu machen: Unser E-Mailverkehr ging noch einige Zeit hin und her, bis er mir eines Tages mitteilte, er habe seine Domain gekündigt und auf mich umschreiben lassen, er würde sie mir schenken, ich solle etwas Schönes daraus machen. Da staunte ich nicht schlecht.

»Immer wieder zu erfahren, dass das Leben das bringt, was du gerade brauchst – das ist das Schönste und Wertvollste, was ich bislang entdeckt habe auf dem Weg. Menschen, eine Begegnung, ein Zeitungsartikel oder Newsletter, der gerade das Thema anspricht, das mich beschäftigt. Bücher oder Seminare, bei denen ich spüre, da bin ich richtig.«

(Susanne Wallimann)

Als ich kurz darauf die Gestaltung und Einrichtung der neuen Website in Auftrag geben wollte, stand ich vor dem nächsten Berg: Statt der zu Beginn benannten *ein paar hundert Euro*, belief sich der Kostenvoranschlag der Grafikerin und des Programmierers plötzlich auf *mehrere tausend Euro*, die ich würde zahlen müssen, aber nicht besaß. Und wieder einmal tauchte eine Lösung auf, an die ich gar nicht gedacht hatte. Ein Freund, eigentlich Physiker von Beruf, bot mir an, die Website für mich zu erstellen. Ich zahlte ihm dafür 100 Euro, den Rest glichen wir mit Zeit aus, ganz so, wie das Prinzip der Tauschringe funktioniert, die es mittlerweile wieder vielerorts gibt: In der Zeit, die er an der Website arbeitete, stand ich in der Küche und buk Kuchen und Kekse für ihn – denn er ist leidenschaftlicher Liebhaber von Süßem, kann aber nicht backen. Und während die Website wuchs, gingen regelmäßig Päckchen mit Leckereien von meiner damaligen Wohnung in Kiel zu seiner Packstation nach Frankfurt – und beide profitierten wir von dieser Lösung.

Auch später noch, bei der Suche nach einem Wohnort oder der Erstellung eines neuen Websitelogos beispielsweise, gab es immer wieder diese Augenblicke, in denen sich der Nebel plötzlich lichtete und der nächste Schritt – und die Möglichkeiten zu seiner Umsetzung – mir wie auf einem Tablett serviert wurden. Je mehr ich mich innerlich entspannte und darauf vertraute, dass sich der Weg zeigen würde, umso rascher war er meist auch da.

Dabei ist Vertrauen nicht zu verwechseln mit Passivität. Ich musste sehr wohl immer wieder selbst aktiv werden und auch zupacken, wenn sich die Gelegenheit bot. Es war jedoch eine Form der Aktivität, die aus einer inneren Ruhe heraus geschieht, statt aus einem Gefühl der Angst und des Getriebenseins. Hierin liegt der Unterschied.

> *»Der Weg zu meiner Arbeit als Tanztherapeutin hatte eine geradezu magische Dynamik. Eins ergab das andere und ich tanzte und tanzte und tanzte, weil ich mich dabei so lebendig fühlte. Alles Weitere, wie die Ausbildung und der Aufbau einer eigenen Praxis für Tanztherapie hat sich dann nach und nach ergeben.«*
>
> (Angela Nordmann)

Dass das Leben es gut mit uns meint, dürfen viele Menschen immer wieder auf ihrem Weg erfahren. Wie unerwartet und wie schön das sein kann, hat auch Anna Platsch erlebt. Nach ihrem oben beschriebenen radikalen Bruch mit ihrem bisherigen Leben (siehe S. 16 f.) war sie Jahren später erneut auf solch einem Weg ins Neuland, in dem nur das *Was*, nicht aber das *Wie* klar war. Während eines Sufi-Retreats wussten sie und ihr Mann – unabhängig von einander – plötzlich, dass sie in das spirituelle Zentrum *Windschnur* ziehen würden, das in Bayern liegt. Dabei waren sie erst kurz zuvor in den Norden gezogen. Doch der Umzug und alles Weitere fügte sich. So wie die Finanzierung des Internats, das ihr mittlerweile 14 Jahre alter Sohn besuchen sollte, da die *Windschnur* ziemlich abgelegen ist und sich keine passende Schule in der Nähe befand. Und das, obwohl für ein Internat eigentlich kein Geld vorhanden war. Aber Anna Platsch fühlte, dass dieses Internat das Richtige war und vertraute auf das Leben, das ihr wieder einmal »auf eine Art und Weise antwortete, die wir uns vorher im Kopf gar nicht ausdenken können, was nachher oft als Wunder deklariert wird«[15]. Und so geschah es auch. Eine ältere Dame, der sie auf einem Seminare begegnet war »und die wusste, dass sie bald sterben würde, hatte sie angesprochen und gebeten,

ihr dabei zu helfen, ihre Gedichte zu ordnen, um sie zu veröffentlichen. Sie sagte zu, dic ältere Dame wurde rasch zu einer Freundin und die Wochen bei ihr wurden immer mehr eine Begleitung auf ihrem *Heimweg*. So änderte die Freundin schließlich einen Teil ihres Testaments und vermachte dem Sohn von Anna Platsch eine Summe, mit der für die nächste Zeit die Finanzierung des Internats gesichert war«[16].

Manchmal denken wir auch, wir hätten alle Eventualitäten bedacht und dann kommt doch alles anders als geplant – ehe sich die Dinge letztendlich doch fügen. So ist es beispielsweise Andrea Steimer ergangen, die viele Jahre als promovierte Biologin an Schweizer Forschungsinstituten gearbeitet hat. Nach ihrem Ausstieg aus der Forschung hat sie drei Jahre als Köchin in einer spirituellen Gemeinschaft gearbeitet, ehe sie spürte, dass die Zeit reif war für den nächsten Schritt: Ein eigenes Seminarzentrum. Unweit ihres damaligen Lebensortes fand sie ein Haus, dass sie zusammen mit einem Freund in ein Seminarzentrum verwandeln wollte. Alles schien sicher und gut geplant damals, die Finanzierung stand, der Vertrag war unterschrieben. Doch dann sprang ihr Freund plötzlich von dem Projekt ab – und Andrea Steimer stand alleine mit einem großen Haus da, ohne Einrichtung, ohne Einkommen und ohne Job. Der Vertrag sah eine sechsmonatige Kündigungssperre über den Winter vor, sodass sie mindestens ein halbes Jahr in dem Haus würde wohnen müssen. Da blieb ihr nur eines: einfach anzufangen.

Und obwohl sie den Sprung in die Selbstständigkeit alleine nicht gewagt hätte, stand sie nun alleine da – mit all ihren Existenzängsten – und merkte: Es geht. Es geht, diesen Schritt zu tun, denn von überall her kam plötzlich Hilfe: Ein Freund erstellte kostenlos eine Website für sie, Menschen schenkten ihr Möbel für das Haus, andere verlinkten ihre neue Website und so trafen bald die ersten Gäste ein. Die guten, nährenden, zwischenmenschlichen Beziehungen haben ihr gerade in dieser Zeit immer wieder neuen Mut gemacht weiterzugehen auf ihrem Weg.

> *»Ich habe die Erfahrung gemacht, dass es in der Regel anders kommt, als ich dachte und es mir ausgemalt hatte. Der Weg des Herzens geht nach anderen Wegweisern. Da gibt es oft Schilder, die in eine andere Richtung führen als die von mir geplante. Erst im Gehen dieses anderen Weges kann ich das Geschenk und Potenzial erkennen. Ich muss aber erst losgehen, auch wenn ich eigentlich woanders hinwollte. Mittlerweile gehe ich einfach immer weiter und plane weniger.«*
>
> (Anna A.)

Das Leben trägt dich

Erinnere dich einmal: Wann hast du in deinem Leben schon erfahren, dass das Leben dich trägt und unterstützt? Auf welche Weise sind manchmal neue Wege und Lösungen entstanden, die du dir gar nicht hättest ausdenken können?

Notiere, welche Situationen und Entwicklungen dir in den Sinn kommen – und nutze diese Erinnerungen auch, um aus ihnen in unsicheren Zeiten neue Kraft, Vertrauen und Mut für deinen Weg zu schöpfen.

Vertrauen

> *»Ich weiß heute, dass sich alle einzelnen Schritte auf meinem Weg, so zusammenhang- und sinnlos sie manchmal erscheinen mögen, zu einer wunderbaren Reise verbinden, die mein Leben ist. Das Wissen um diese Sinnhaftigkeit und das Vertrauen in mich selbst machen mich stark für die Zukunft.«*
>
> (Maria Ribbeck)

Gehen wir mit offenem Herzen und achtsamem Blick durch unser Leben, werden wir immer wieder aufs Neue auf wundersame Weise erleben, wie sich Dinge ineinanderfügen und wir die Unterstützung des Lebens erfahren. Der Herzensweg lehrt uns dabei das, was Anna Platsch einmal mit »unpersönlich durchs Leben gehen, sich hingeben«[17] beschrieben hat. Hingabe an das Leben, im Vertrauen, dass alles gut wird und sich fügt. Eine Haltung, die wir oft erst lernen müssen. Haben wir doch normalerweise allerhand Pläne im Kopf, wie die Dinge verlaufen sollen, welchen Schritt wir wann tun werden, wo wir landen wollen. Oft kommt jedoch alles ganz anders als geplant und so lernen wir mit der Zeit, den Impulsen zu lauschen, die auftauchen, durch sich *zufällig* öffnende Türen zu gehen und damit der Richtung des Lebens zu folgen, in die es gehen will – auch wenn diese häufig nicht der von uns geplanten Richtung entspricht.

Im Rückblick werden wir jedoch zumeist erkennen können, dass eben jene neuen Wege viel stimmiger waren, uns weitergebracht und wachsen lassen haben als jene, die wir ursprünglich geplant hatten. Denn sie kommen aus unserem Herzen, während es der Verstand ist, der plant. Halten wir hingegen krampfhaft an unseren ursprünglichen Plänen fest, werden wir spüren können, wie der Weg immer beschwerlicher wird, keine Tür sich öffnen will und die Freude immer mehr schwindet.

»Am Anfang, bevor ich meinem Herzensweg gefolgt bin, habe ich mir selbst im Weg gestanden. Zum Glück hat mein Körper mir Bescheid gegeben mit Spannungskopfschmerzen am Wochenende und einem Burnout. Ich hätte schon vor dem Burnout auf die Signale hören sollen, aber da hatte ich noch nicht genügend Mut. Als dann einmal die Entscheidung für meinen neuen beruflichen Weg getroffen war, gab es für mich keinen Weg mehr zurück.«

(Helga Stein)

Ich selbst war eigentlich immer ein totaler Pläne- und Sicherheitsfan. Als ich nach meinem Studium mit meinem damaligen Freund in den Norden gezogen bin, dachte ich, mein Leben in trockenen Tüchern zu haben. Wir hatten uns einige Zeit zuvor verlobt, wollten nun hier zusammen weiterstudieren, später heiraten, eine Familie gründen. Alles schien sicher und klar.

Doch dann studierte ich nicht weiter, sondern machte mich selbstständig – der erste Bruch im ursprünglichen Plan. Ein Jahr darauf ging dann die Beziehung in die Brüche. Weg waren sie, all meine vermeintlichen Sicherheiten.

Nun stand ich da, ohne Plan und ohne eine Ahnung, wohin ich ziehen sollte. Im Norden wollte ich nicht bleiben, fühlte mich dort nicht heimisch. So begann ich zu suchen: nach Mehrgenerationenhäusern und Gemeinschaften, die mich interessierten. Doch irgendwie waren alle entweder gerade voll oder im Bau. Einmal schrieb ich auch auf, wie ich gerne wohnen würde – in schöner Landschaft, mit Blick auf die Berge, am See, in einer Gemeinschaft mit kreativen Menschen und einiges anderes. Dabei hatte ich den Chiemgau im Kopf, doch auch dort wollte sich nichts ergeben. So gab ich die Suche nach einiger Zeit innerlich auf und beschloss, einfach erst einmal im Norden zu bleiben, sollte sich nicht noch etwas anderes ergeben.

Kurz darauf meldete sich eine Schreibwerkstattteilnehmerin und sagte, sie habe ein freies Zimmer am Bodensee. Meine erste Reaktion war: Ich kann doch nicht einfach von Norddeutschland mehr als 1.000 Kilometer in den Süden an den Bodensee ziehen, wo ich niemanden kenne und noch nie gewesen bin – das ist doch total verrückt! Doch dann fand ich den Zettel wieder, auf dem ich aufgeschrieben hatte, wie ich gerne wohnen würde. Die Beschreibung traf Eins zu Eins auf das Zimmer und den Ort zu, der mir angeboten worden war, nur dass es sich um den Bodensee statt den Chiemsee handelte. So zögerte ich nicht lange, sah mir das Zimmer und die Hausgemeinschaft an und zog wenige Wochen später einmal quer durch Deutschland.

Rückblickend ist es erstaunlich, zu erkennen, wie rasch sich dort im Süden die Türen – vor allem auch beruflich – öffneten und wie schnell ich andere Menschen kennenlernte und mich heimisch zu fühlen begann, obwohl ich doch so fremd war.

»Dem Herzensweg weiter zu folgen, bedeutet für mich, mich immer wieder auf etwas Neues einzulassen, um innere Grenzen hinter mir zu lassen, aber auch einen Weg zu gehen, wo ich innerlich immer wieder ein Ja höre und fühle. Es ist ein Weg, auf dem innerlich etwas in Bewegung kommt, an dem ich dranbleiben möchte. Es bedeutet für mich, ganz viel Vertrauen zu entwickeln, dass dort, wo im Moment noch gar nicht abzusehen ist, wo es genau hingeht, für mich gesorgt ist.«

(Christine Keil)

Ich wähnte mich, angekommen am Bodensee, erneut in Sicherheit – was meinen Verstand beruhigte – und freute mich, mein Leben endlich wieder im Griff zu haben. Doch nur drei Monate später teilte man mir mit, dass das Haus verkauft und die Gemeinschaft aufgelöst werden sollte. Die Suche begann erneut und sie lehrte mich einiges über die Balance, die es braucht für neue Wege. Eine Balance zwischen innerer Offenheit für das, was sich zeigen will, und zugleich ein Ausgerichtetsein darauf, wohin die Reise gehen soll. Und so kam es, dass ich ein halbes Jahr später ein Stück weit weg vom See zog. Als ich die Anzeige zu meiner heutigen Wohnung sah, war ich innerlich sofort ganz ruhig und wusste: Das ist sie. Eigentlich wären mein Freund – mit dem ich hier zusammenziehen sollte – und ich die Letzten gewesen, die sich die

Wohnung hätten angucken sollen, doch wundersamerweise sagte alle Interessenten vor uns ab oder erschienen nicht, sodass wir letztendlich die ersten und einzigen Interessenten waren, die sich die Wohnung ansahen – und sie bekamen. Einige Zeit später fiel mir wieder ein, dass ich bei meinem ersten Besuch in der Stadt, in die wir nun ziehen sollten, gesagt hatte, dass falls wir einmal dort wohnen sollten, ich beim Stadtpark oder in der Gasse mit den schönen bunten Häusern wohnen wollen würde. Nun wohnen wir in dem einzigen Haus, das einen Balkon zum Stadtpark und zugleich den direkten Blick in eben jene schönste Gasse hat.

Die Brüche in den vergangenen Jahren haben mich – auf nicht immer freiwillige Weise – gelehrt, offen zu bleiben für neue Wege, nach innen zu lauschen auf das, wo es weitergehen will. Sie haben mich Hingabe und Vertrauen ins Leben gelehrt, wenngleich ich nicht leugnen kann, dass mir mehr Sicherheit und Stabilität manchmal doch lieber wären. Und wenn wir so auf Wege und an Orte gelangen, von deren Existenz wir nicht einmal etwas gewusst haben, da »können wir uns dann ärgern oder öffnen für das, was wir uns vorher gar nicht hätten ausdenken können«[18], meint Anna Platsch.

Andrea Steimer, die der wissenschaftlichen Forschung den Rücken gekehrt hat und heute das *HerzBrändli*, ein Haus für Seminare und Rückzug, führt, hat erfahren: »Wer den Mut hat, dem eigenen Herzensweg zu folgen, kann wieder staunen über das Leben, wird überrascht und erfährt Wunder.«[19] Im Rückblick zeigt sich uns dann auch oft, wofür alles gut war, warum eben jener vermeintliche Umweg doch keiner war und die einzelnen Puzzlestücke fügen sich mehr und mehr zusammen. Wie Søren Kierkegaard sinngemäß sagte: Das Leben wird vorwärts gelebt, aber nur rückwärts verstanden.

Ebenso lernen wir, einerseits uns selbst immer mehr zu vertrauen, der eigenen Intuition, den Impulsen, die wir wahrnehmen können. Immer stärker sind wir uns des inneren Wissens bewusst, das uns zeigt, was als nächstes ansteht, welcher Schritt zu gehen ist. Immer deutlicher erkennen wir, ob wir gerade der Freude oder der Angst folgen – und können uns für die Freude entscheiden. Andererseits lernen wir, dem

Leben zu vertrauen, uns für Ungeplantes zu öffnen und dieses Vertrauen ins Leben mit dem Vertrauen in uns und dem Wissen von dem, was jetzt ansteht, zu verknüpfen. Eine kraftvolle Mischung, die uns zu dem nächsten, für uns jetzt stimmigen Ort oder Schritt führen wird.

»Der ungeplante und überraschende Zeitpunkt der Geburt unseres dritten Kindes war ein Segen für meinen Herzensweg. Ich habe mir dann erst einmal eine Harfe selbstgemacht und meine alte Liebe zur Poesie ausleben können, statt eine Psychotherapiepraxis zu eröffnen. Das hat mir wesentliche neue, stimmige Wege eröffnet.«

(Susanne J.-G.)

Der rote Faden

Wenn du einmal zurückblickst auf die bisherigen Wege deines Lebens:

Kannst du einen roten Faden erkennen?
Gab es da schon einmal dieses innere Wissen, jenen Schritt jetzt zu tun oder besser zu lassen?
Bist du auf diese Weise schon einmal an Orten gelandet, von deren Existenz du vorher nicht einmal etwas geahnt hast?
Wohin hat es dich geführt, wenn du deine eigenen, ursprünglichen Pläne loslassen konntest? Und hatten auch vermeintliche Umwege rückblickend ihren Sinn – oder

haben dich wiederum auf ganz neue Wege geführt?

Folge schreibend den ersten Impulsen, die zu diesen Fragen in dir auftauchen.

Mut

Ich habe ein Seminar gebucht,
ein Seminar,
das alles thematisiert –
all meine Ängste und Sorgen,
meine Hoffnungen und Freuden,
die Grübeleien im Kopf,
alle Höhen und Tiefen.
Es ist ein Seminar voll praktischer Übungen.
Übungen, die genau zu den Mustern und Dingen passen,
an denen ich arbeiten wollte.
Jeden Tag.
Ein Seminar namens Leben.[20]

Unweigerlich werden wir auf unserem Herzensweg Ängsten und Zweifeln begegnen. Dabei dürfen wir uns immer wieder daran erinnern, dass Mut nicht bedeutet, keine Angst zu haben, sondern trotz Angst weiterzugehen.

Ist die Angst besonders groß, scheint es uns manchmal, als wären alle Freude, alle Neugierde und Mut einer riesigen Angst gewichen, an der kein Vorbeikommen möglich ist. In Wirklichkeit sind die Freude und all die anderen positiven, uns stärkenden Gefühle jedoch immer noch da. Allerdings werden sie in solchen Momenten überlagert von den angstvollen Stimmen, die oft so laut sind, dass die feine, kraftvolle innere Stimme nicht mehr gehört werden kann. Häufig entsteht dadurch der Eindruck, dass die kritischen Stimmen die Realität seien. Wir denken, wir *seien* die Angst, wir *wären* all die Zweifel und all die Worte wären *real*. Manchmal können sie uns sogar ganz oder für eine Weile daran hindern, unseren Weg fortzusetzen.

»Ich glaube, dass Ängste unvermeidlich sind, werden doch auf dem Weg so viele existentielle Themen berührt. Meine Ängste haben mich nur nicht am Weitergehen gehindert, weil die Motivation so groß war. Das ist eine der wunderbaren Seiten auf dem Herzensweg: Wir überwinden Widerstände, weil wir weitergehen wollen.«

(Angela Nordmann)

Aber jede noch so starke Angst ist letztendlich nur ein Gefühl – wie Freude zum Beispiel auch –, unbeständig und flüchtig. In solch herausfordernden Zeiten kann vor allem der Austausch mit anderen Menschen, die schon längere Zeit auf ihrem eigenen Weg unterwegs sind und all die Stolperstellen und Hindernisse selbst erlebt und überwunden haben, besonders unterstützend wirken.

Denn sie zeigen uns: Das, was wir gerade erleben, ist ganz normal und kein Grund zu zweifeln oder umzukehren. Sie ermöglichen es uns, die auftauchenden Schwierigkeiten als Chance zu begreifen, aus der wir gestärkt und kraftvoll hervorgehen und dadurch dem nächsten Stein auf dem Weg mit Gelassenheit begegnen können.

»Wichtig ist mir, dass die Ängste ins Bewusstsein kommen, damit nicht sie, sondern ich die Macht über sie habe. Dabei half und helfen mir das Schreiben und das Malen. Wenn mich akute Ängste überkommen, dann versuche ich, mich ganz auf meinen innersten Kern auszurichten, dort, wo alles gut ist. Dabei hilft mir auch das Gebet.«

(Susanne Wallimann)

Immer wieder kann es zudem sein, dass wir auf dem Herzensweg in heftige Stürme geraten. In Zeiten, in denen uns der Boden unter den Füßen immer wieder abhanden zu kommen scheint, wir uns fragen, was überhaupt noch trägt und wie es weitergehen kann. Gerade dann ist es gut, die Verbindung zur inneren Stille schon ein wenig gestärkt zu haben und sowohl die Stille als auch die Achtsamkeit als Verbündete bei uns zu wissen.

»Wenn Prüfungen und Stolpersteine kommen, sind dies Herausforderungen an unsere Energie. Bleiben wir beharrlich ausgerichtet, wird die Energie kraftvoller durch dieses Hindernis. Hindernisse sind also in diesem Sinne nicht dazu da, aufzugeben, sondern sich zu vertiefen. Keine ist ihren Weg gegangen, ohne diesen Dämonen, Widersachern oder Hindernissen zu begegnen!«[21]

(Sylvia Kolk)

Als in den vergangenen Jahren viele Bereiche meines Lebens komplett zusammengebrochen sind, war es vor allem die Achtsamkeit, die mich immer wieder herausgeholt hat aus dem Strudel von Angst, Panik, Wut, Traurigkeit und Schmerz. Sie half mir, wieder zurück zu einer inneren Ruhe zu finden, mich in mir selbst und in diesem Augenblick zu verankern. Mir wurde einmal mehr bewusst, dass es letztendlich nichts als den jetzigen Augenblick gibt.

Und so begann ich, Zuflucht zu diesem zu nehmen. Denn mit dem Jetzt kann ich immer umgehen. Probleme entstehen erst dann, wenn mein Geist in die Zukunft oder Vergangenheit flüchtet. In diese Lücke zwischen dem Jetzt und dem Zeitpunkt, der noch nicht geschehen oder bereits vorüber ist.

Ebenso dürfen wir uns immer wieder bewusst machen, dass Gefühle und Gedanken flüchtig sind – wie das Wetter auf einem Berg. Folgen wir ihnen, identifizieren uns vielleicht sogar mit ihnen, werden wir unweigerlich heftig hin- und hergeworfen. So ist auch dies immer wieder eine Übung der Achtsamkeit: Uns der sich ständig wandelnden Gedanken und Gefühle bewusst zu werden und dabei selbst ruhig und still zu verweilen wie der Berg, der das tägliche Wetter gelassen an sich vorüberziehen lässt.

Streife die Schuhe von den Füßen,
breite die Arme aus
und tanze mitten im Sturm.
Lasse los, was dich zu lange schon am Boden hält.

Ohne Sturm und Regen kein Sonnenschein stand einmal auf einem Glückskekszettel, den ich vor Jahren gezogen habe. So ist es auch mit den Stürmen und Brüchen, die uns in unserem Leben und auf unserem Herzensweg begegnen. Sie fordern uns auf, uns dem Wandel zu stellen, mitten im Sturm zu stehen und zugleich in uns zu ruhen. Nicht zu kneifen, uns nicht zu verstecken, sondern uns sichtbar zu machen, mit allem, was gerade da ist. Dem Schmerz zu begegnen, der Angst, der Unbeständigkeit. Dem Nicht-Wissen und der Ratlosigkeit.

Bleiben wir auf diese Weise nah dran an dem, was an und in uns geschieht, so wandelt der Sturm auch unser Inneres. Manchmal scheint es mir, als würden erst die Stürme uns schleifen wie einen Diamanten und somit unsere wahre Schönheit und unsere ganze Kraft zum Vorschein bringen.

»Natürlich gab es Steine auf meinem Weg, manchmal riesige Felsen, die so groß waren, dass sie mir die Sicht versperrten und sich wie Schatten vor mir aufstellten. Doch ich hatte das tiefe Vertrauen, dass sich genau dahinter das Licht verbirgt. Irgendetwas in mir wusste: Da wo Nacht ist, muss auch Licht sein. Wie könnte ich sonst die Nacht wahrnehmen, wenn ich das Licht nicht kennen würde? Und so habe ich gelernt, den Ängsten einfach zu erlauben da zu sein, denn sie wollten wahrgenommen werden. Irgendwann konnte ich spüren, dass das, wovor ich mich am meisten fürchtete, genau das war, was ich am besten konnte. Alle Ängste haben sich in Potenziale verwandelt – sie waren die besten Wegweiser auf meinem Herzensweg.«

(Silke Steigerwald)

Nah dran zu bleiben an dem, was an und in und geschieht, nicht immer leicht. Vielmehr kann es oft sehr heftig und schmerzhaft sein – aber ebenfalls sehr lohnenswert. Denn genau diese Stürme erinnern uns wieder daran, was uns wirklich wichtig ist in unserem Leben. Sie helfen uns, alte Masken und Mauern der Angepasstheit fallen zu lassen und immer mehr die zu werden, die wir wirklich sind. Je mehr wir in unsere eigene Stärke kommen, umso schwerer fällt es uns, einfach weiter mit der Masse mitzulaufen. Uns wird bewusst: Es ist möglich, unsere Stimme zu erheben und unser ganz eigenes Lied anzustimmen – authentisch, kraftvoll und klar. Wir müssen uns nicht länger hinter anderen verstecken, uns künstlich klein und unsichtbar halten, sondern wir dürfen uns zeigen. In voller Größe. Und dabei dem Leben vertrauen, dass es uns trägt und unterstützt. Immer.

Habe den Mut, auf die Stimme deines Herzens zu hören,
den Mut, Schritte zu wagen.
Habe den Mut, in die Stille zu gehen,
dich der Einsamkeit zu stellen.
Habe den Mut, dir selber zu begegnen,
dich lieben zu lernen.
Habe den Mut, an den einen Gott zu glauben,
oder wie auch immer du ihn nennen willst,
den Schöpfer allen Lebens, der deine Wege kennt und mit dir geht.
Habe den Mut, dich von anderen abzuheben,
den Weg zu gehen, zu dem dich deine Sehnsucht führt,
es ist dein eigener, und nur deiner.
Habe den Mut loszulassen, innezuhalten, auszuharren.
Habe den Mut, weiterzugehen.
Habe den Mut, dein Leben zu leben.

(Susanne Wallimann)

Gefühle betrachten

Diese Übung ist eine Einladung, starke Gefühle einmal wirklich zu betrachten und zu erkunden, wo wir sie in unserem Körper spüren. Dabei können wir ebenfalls erkennen, wie flüchtig und wandelbar eben jene Gefühle sind, die wir so oft für unsere Realität und Wirklichkeit halten.

Setze dich für die Dauer dieser Übung bequem und möglichst aufrecht hin (zum Beispiel auf ein Sofa, einen Sessel oder einen Stuhl) und schließe die Augen.
Spüre, wie dein Atem ein- und wieder ausströmt.
Ein und aus.

Spüre deinen Körper.
Kannst du deinen Kopf spüren?
Deine Schultern?
Die Arme?

Spürst du deinen Bauch?
Den Rücken?
Die Beine und die Füße?
Den Boden unter deinen Füßen?

Spürst du den Stuhl, den Sessel oder das Sofa, das dich trägt?

Komme wirklich an, in diesem Augenblick. Spüre dich.

Kehre noch einmal bewusst zu deinem Atem zurück. Spüre, wie dein Atem ein- und wieder ausströmt. Ein und aus.

Der Atem ist dein Anker in stürmischen Zeiten, er ist immer da.

Spüre nun in dich hinein. Ist da ein bestimmtes Gefühl wie Angst, Wut, Trauer, Unruhe oder auch Freude oder Wohlbefinden?
Spüre hin.

Benenne dieses Gefühl. »Da ist Angst.« »Da ist Freude.« Was auch immer gerade da ist. Betrachte das Gefühl ganz so, als sei es das erste Mal in deinem Leben: »Aha, so fühlt sich also Angst an, interessant.« »Aha, dies ist also Freude, interessant.« Nimm einfach nur wahr.

Erinnere dich deines Atems. Spüre, wie er ein- und wieder ausströmt. Ein und aus.

Wo in deinem Körper kannst du das Gefühl spüren?
Wie fühlt es sich an?
Entstehen Bilder, Gerüche, ein Geschmack oder auch ein Ton in dir, wenn du dieses Gefühl betrachtest?
Nimm einfach nur wahr.

Erinnere dich deines Atems. Spüre, wie er ein- und wieder ausströmt. Ein und aus.

Lenke deinen Atem dann in die Region deines Körpers, in der du das Gefühl besonders deutlich spüren kannst.
Atme in das Gefühl hinein. Atme mit dem Gefühl.
Beobachte, was passiert. Sieh, wie sich das Gefühl wandelt. Dies kann schnell gehen oder auch eine längere Zeit dauern. Atme.

Nimm auch Gedanken wahr, die vielleicht auftauchen. Stärken sie das Gefühl oder schwächen sie es ab?

Scheint es dir, als würde das Gefühl unverändert bleiben, so nimm auch das wahr. Sind Gefühle sehr stark, kann es eine Weile dauern, bis sie sich wirklich wandeln und vor allem, bis wir dies wahrnehmen. Denn manchmal wandeln sie sich zunächst vor allem in so kleinen Nuancen, dass diese uns gar nicht bewusst sind.

Spüre noch einmal in dich hinein. Was ist da jetzt? Hat sich etwas verändert? Ist alles noch so wie zu Beginn dieser Übung? Nimm einfach nur wahr.

Kehre zum Abschluss nochmal zu deinem Atem zurück. Spüre, wie der Atem ein- und wieder ausströmt. Ein und aus.
Der Atem ist dein Anker, in jedem Augenblick.

Werde dir nun deiner Umgebung wieder bewusst. Nimm die Unterlage wahr, auf der du sitzt. Die Geräusche im Raum. Nimm wahr, wo du gerade bist. Nimm noch einen tiefen Atemzug und dann, öffne die Augen. Wenn du magst, reck und streck dich und komme nun vollkommen wieder im Hier und Jetzt an.

Der Himmel auf Erden

Tanze als könne keiner dich sehen.
Liebe als seist du nie zuvor verletzt worden.
Singe als könne keiner dich hören.
Lebe als sei der Himmel auf Erden.

(Italienisches Sprichwort)

Stell dir vor, es ist der Himmel auf Erden – wie sähe es aus, dein Leben?

____

____

____

____

____

____

____

____

Medicine Walk

In dem Buch *Die schamanische Kraft im Alltag* von Cambra Skadé habe ich den Medicine Walk[22] kennengelernt und möchte ihn dir gerne in Verbindung mit einer Schreibübung vorstellen.

Bevor du gleich über die Schwelle trittst und hinausgehst (du kannst einen Spaziergang machen, zum Supermarkt gehen, mit dem Auto, der Bahn oder dem Fahrrad irgendwohin fahren, ganz egal), formuliere in deinem Inneren eine konkrete Frage oder ein Thema, das dich schon länger beschäftigt und für das du dir Antworten wünschst.

Schreite dann bewusst über die Schwelle deiner Haustür. Du betrittst magischen Raum, die Welt zeigt sich dir als Spiegel für deine Frage. Du kannst einen Block mit nach draußen nehmen und alles, was dich anspricht, was eine Antwort auf deine Frage oder eine Facette deines Themas zu sein scheint, notieren.

Kehre anschließend wieder zurück und schaue deine Notizen an: Was ist dir begegnet? Welche Verbindungen siehst du zwischen den unterschiedlichen Worten, die du notiert hast? Hängen sie zusammen oder stehen sie unabhängig voneinander? In welcher Beziehungen stehen sie zu dem Thema oder der Frage, mit der du nach draußen gegangen bist?

Lass dich anschließend von deinen Notizen zu einer Antwort auf deine Frage führen oder zu einem Text über dein zuvor gewähltes Thema inspirieren.

Kraft

»Ich schöpfe Kraft aus meinem Glauben – und aus der Kraft zu wissen, dass alles in mir vorhanden ist. Mein inneres Wesen, mein Lauschen auf meine innere Stimme haben mir sehr geholfen.«

(Ruth O.)

Während wir auf unserem Herzensweg immer wieder der Angst begegnen, nicht gut genug zu sein, nicht zu genügen, so wartet ebenso oftmals auch die Angst vor unserem eigenen Licht, unserer eigenen Kraft auf uns. Es ist eine Angst, die wir nicht so leicht erkennen, denken wir doch meist, nur das vermeintlich Negative könnte uns ängstigen, nicht aber das Kraftvolle und Positive.

Aber was wäre, wenn wir wirklich einfach wir selbst sein würden – dazu strahlend, kraftvoll und voller Liebe? Was wäre, wenn wir einfach unserem Herzensweg folgen und dabei erfolgreich und kreativ sein würden? Was wäre, wenn wir erkennen würden, dass alle Hürden und Ängste letztendlich gar keinen Boden haben und sich schon im nächsten Moment aufzulösen vermögen wie eine flüchtige Wolke am Horizont? Dann sähen wir ganz schön alt aus. Denn so viele unserer Überzeugungen bauen darauf auf, dass manche Dinge einfach nicht machbar seien, dass andere zwar ihren Weg gehen und sie selbst sein können, wir jedoch es niemals werden tun können – weil es an den passenden Umständen, dem Geld und der Zeit mangelt, oder was uns sonst an Einwänden durch den Kopf gehen mag.

Ja, wenn wir all dies erkennen würden, zerplatzten unsere wohlgeformten Ausreden plötzlich wie Seifenblasen in der Luft und wir müssten anerkennen, dass es möglich ist, wir selbst zu sein und unseren ganz eigenen Weg zu gehen – und zwar im Hier und Jetzt.

Tief in mir
ist Kraft
ist Liebe.
Oft verborgen
unter den dicken Schichten der Angst,
die ich selbst dort angehäuft habe.

Sie alle erzählen ihre eigene Geschichte –
von mangelnder Liebe,
verletzten Gefühlen,
Schmerz und nicht geweinten Tränen.

Kann ich es wagen,
Schicht für Schicht abzutragen,
ohne zu wissen,
was mich auf der nächsten Ebene erwarten und
was ganz zuunterst zum Vorschein kommen wird?

An Ausreden mangelt es uns häufig nicht. Wir sagen vielleicht, wir fürchten, andere mit unserer Kraft, mit unserem Licht zu erdrücken oder klein erscheinen zu lassen – das ist letztendlich aber nichts anderes, als würden wir sagen, wir hätten Angst, nicht zu genügen. In Wirklichkeit sind meist viel eher wir selbst es, die vor unserer eigenen Kraft und unserem eigenen Licht zurückschrecken. Denn mit diesem kommt zugleich Verantwortung in unser Leben.

Wenn wir erkennen, dass wir selbst es sind, die unsere Realität erschaffen und die Welt sich uns immer so zeigt, wie wir sie sehen wollen, können wir unsere eigenen Möglichkeiten nicht länger verleugnen, indem wir sagen: *Das geht ja eh nicht!* Dann werden wir auf einmal aufgefordert, uns zu zeigen, zu uns zu stehen und unser Licht in die Welt zu geben.

Dies macht erst einmal Angst, weil wir es zumeist viel eher gewohnt (und besonders gut darin) sind, uns selbst klein zu machen und klein zu halten, kein gutes Haar an uns zu lassen und nur die anderen im besten Licht zu sehen. Denken wir dies einmal weiter, erkennen wir den Mangel, der entsteht, wenn jede von uns sich selbst entwertet und die anderen auf ein Podest erhebt. Denn dann sind sie wieder da, die Rollen, die wir den anderen – und uns selbst – zuschreiben, und zugleich erhalten wir den Kreislauf des Nie-gut-genug-Seins, der daraus entsteht, am Leben.

Wagen wir es hingegen, uns in voller Größe zu zeigen, geben wir damit anderen zugleich die Erlaubnis, es uns gleich zu tun. Das hat nichts mit Größenwahn oder Überheblichkeit zu tun, denn ich kann sowohl fest auf dem Boden als auch zugleich ganz in meiner Kraft stehen und meine Arme weit ausbreiten.

Halte einmal kurz inne und frage dich: Kennst du einen Menschen, der solch eine Bodenständigkeit und Authentizität, ebenso wie eine Weite und Kraft verkörpert? Der oder die ganz sie selbst ist? Wie fühlst du dich in der Gegenwart dieses Menschen? Was verändert sich in dir, wenn du längere Zeit mit ihm oder ihr zusammen bist? Und kannst du dir vorstellen, auch selbst immer mehr in deine Kraft zu kommen und dein eigenes Licht sichtbar werden zu lassen?

Die Adlerin

Stell dir vor, du fliegst wie eine Adlerin hoch oben am Horizont. Ganz klein unter dir siehst du grüne, blaue und braune Schattierungen. Da ist Wald, hier und da eine Siedlung, manchmal Felder, Wiesen, ein Bachlauf. Weiter hinten erheben sich die Berge, majestätisch und hoch.

Wie frei du dich hier oben fühlst! Frei wie ein Vogel, der die Weite um sich herum mit jedem Flügelschlag spürt. Zudem unglaublich kraftvoll, stark und lebendig.

Als du deinen Blick nach unten richtest, entdeckst du dich selbst dort drüben, in dem Haus. Du kannst dich in deinem Alltag beobachten. Was da wohl gerade vor sich geht? Du fliegst ein wenig näher heran, siehst, dass du dir gerade die Haare raufst und dein Blick, ja, der scheint verzweifelt zu sein. Deine Schultern hängen – dein ganzer Körper sieht kraftlos und müde aus. Ganz so, als fehlte ihm jede Energie. Ganz so, als wärest du gar nicht bei dir, hättest dich wieder einmal – ohne es zu wollen – von dir selbst entfernt.

Fällt dir eine Situation ein, in der du dich rasch so fühlst? Vielleicht auch in eine Rolle schlüpfst? In der du nicht mehr in deiner Kraft stehst, dich nicht mehr lebendig, mutig und schön fühlst? In der du dich vielleicht versteckst, dein Licht kleinhältst?

Wenn du magst, schau, welches der erste Impuls ist, der aufkommt und folge ihm schreibend.

Verbinde dich innerlich nun noch einmal mit den Qualitäten, die du als Adlerin erfahren hast. Die sie für dich verkörpert. Stell dir vor, wie du diese Qualitäten an dich, die du in deinem Haus sitzt, weitergibst. Was verändert sich an der Situation? An dir? Sieh noch einmal hin und notiere, was sich wandeln darf oder gewandelt hat.

Spüre anschließend noch einmal in die Kraft der Adlerin hinein, speichere dieses Gefühl in dir ab – du kannst es künftig jederzeit wieder hervorholen – und kehre dann zurück ins Hier und Jetzt. Zurück zu dir.

Bringe dein Licht zum Ausdruck

Verbinde dich mit dem Gefühl deiner eigenen Kraft. Lass beispielsweise eine Erinnerung an eine Situation in dir aufsteigen, in der du ganz in deiner Kraft warst. Du hast von innen heraus gestrahlt, warst voller Freude, voller Begeisterung. Das hast du, das haben die Menschen um dich herum gespürt. Tauche ganz ein in dieses Gefühl des In-deiner-Kraft-Stehens. Und dann, bringe es erneut zum Ausdruck – tanze deine Kraft, singe oder töne, male sie. Oder schreibe über sie. Folge deinem ersten Impuls. Mache dich sichtbar in dieser Welt.

Unterstützung

»Es ist wundervoll, wenn jemand weiß oder spürt, was sein Weg ist. Damit ist der wichtigste Schritt getan. Dann kommt es darauf an dafür zu sorgen, dass man die entsprechenden Kompetenzen (psychisch und physisch) erlangt, für Reiseproviant sorgt (Materielles) und Reisegefährten. Um das auszuarbeiten ist es gut, sich zurückzuziehen und darüber immer wieder zu kontemplieren. Aber auch, sich beraten und unterstützen zu lassen.«[23]

(Sylvia Kolk)

Weggefährtinnen und Weggefährten tauchen oftmals in den besonders herausfordernden Zeiten unseres Herzensweges auf. Manchmal begleiten sie uns über viele Jahre, manchmal nur durch eine einzelne Begegnung. Sie können uns in Form von Menschen, aber auch als Bücher, Seminare, Zitate oder Naturerlebnisse begegnen. Durch sie erfahren wir Unterstützung, neue Kraft und Rückendeckung auf unserem Weg. Ebenso erkennen wir, dass es ganz natürlich ist, dass Hindernisse und Herausforderungen beim Gehen des Herzensweges auftauchen.

»Unterstützt auf meinem Weg haben mich: Tanzen, meditieren, WeggefährtInnen, Netzwerke, Freunde, meine Tochter, Körper- und Traumatherapie, Strandspaziergänge, Tanztherapieausbildung, Tantra, Ruhe, spirituelle Arbeit, einige Bücher (meine ganz persönlichen Bibeln), Gartenarbeit, eine rote Clownsnase, Sonne, Cafés, meine Eltern (finanzielle Hilfe).«

(Angela Nordmann)

Mir geht es oft so, dass ich ein Buch kaufe und mich Zuhause frage, wofür ich dieses Buch eigentlich gekauft habe. Dann stelle ich es ins Regal und vergesse es für lange

Zeit. Monate oder Jahre später beschäftigt mich wiederum eine bestimmte Frage, ich ziehe das Buch aus dem Regal, schlage es auf – und dort steht die Antwort, nach der ich gesucht habe. Auch das ist eine Form der Wegbegleitung und solch ein Buch kann auf diese Weise zu einem kraftvollen Weggefährten werden.

> *»Meinen Weg begleiten und unterstützen vor allem diese kleinen und überraschenden Begegnungen im Alltag. Die Begegnungen, bei denen mir das Herz aufgeht und die mir zeigen: Hier geht's lang! Ich komme eigentlich immer mehr dazu, das Leben selbst als den wichtigsten Unterstützer zu sehen.«*
>
> (Anna A.)

Unterstützung kann ganz unterschiedlich aussehen. Es sind aber nicht nur Begegnung mit Menschen, der Natur, materielle Dinge wie Bücher und Seminare, oder das Leben selbst, die uns stärken und begleiten. Ebenso können wir uns selbst eine gute Weggefährtin sein, indem wir für uns sorgen, jede auf ihre Art. Sei es durch Morgenrituale, sei es durch bewusstes Nichtstun, sei es durch gutes Essen, Ruhepausen, oder was einer sonst gut tut. Im Grunde geht es darum zu »lernen, sich selbst eine gute Mutter zu sein«[24], wie Marie-Luise Stiawa es einmal formulierte. Sie hat es gelernt, lebt heute im Einklang mit den Rhythmen der Natur und fühlt sich frei, sich so zu zeigen, wie sie ist.

Manch eine wiederum begegnet auf ihrem Weg vielleicht einer Lehrerin, die zu einer wichtigen Weggefährtin wird – sei es im spirituellen oder in einem anderen Bereich. So wie Sylvia Kolk in *Auf dem Herzensweg* von der Wegbegleitung durch die buddhistische Lehrerin Ayya Khema erzählt oder Annette Kaiser von ihrer Sufilehrerin Irina Tweedie. Gehen wir weiter auf unserem Herzensweg, können wir selbst zu solch einer Weggefährtin für andere Menschen werden – ein Beispiel dafür ist Sylvia Kolk, die heute selbst als buddhistische Lehrerin Menschen auf ihrem Weg begleitet.

»Mir sind immer wieder wunderbare Menschen begegnet, die mich gestützt, begleitet und an mich geglaubt haben. Dafür bin ich sehr dankbar.«

(Ruth O.)

Wir müssen nicht zweifeln, wenn es manchmal so scheint, als sei da keine Weggefährtin, kein Wegweiser, nichts. Ich selbst habe immer wieder erlebt, dass ich oftmals zunächst einige Zeit (scheinbar) ganz alleine gehen und Angst wie auch Schmerz begegnen musste, um daran zu wachsen. Doch die Unterstützung war immer da – wenn auch manchmal mit Verzögerung.

Gefährten auf deinem Weg

Erinnere dich einmal: Welchen Gefährtinnen und Wegbegleitern bist du bislang auf deinem Weg begegnet? In welcher Form sind sie dir erschienen? Und wie haben sie die weitere Richtung deines Weges verändert?

Sag Ja

Vielleicht hast du momentan das Gefühl, mitten im Nebel zu stehen. Kein Weg ist sichtbar, keine Tür scheint sich zu öffnen, die nächsten Schritte liegen noch im Dunkeln verborgen. In solch einer Situation kannst du äußerlich vielleicht nicht viel tun, aber du kannst dich innerlich bewegen: Höre auf anzukämpfen gegen das, was ist, und das, was noch nicht ist. Wage den Sprung ins Jetzt und spüre, wie sich augenblicklich etwas in dir entspannt. Sage innerlich *Ja* zu dem, was ist und steige damit wieder ein in den jetzigen Augenblick. Und plötzlich erinnerst du dich wieder an all die Male, in denen das Leben so gut und vertrauensvoll für dich gesorgt hat. Daran, dass du nie wirklich alleine warst. Auf einmal spürst du wieder, wie Raum in dir entsteht und dass du wieder zurück bist im Fluss des Lebens. Und vielleicht wirst du dir bewusst, dass es manchmal schon ein paar Tage oder Wochen des verzweifelten Alleinseins brauchte, um das Kämpfen wirklich aufzugeben – dass im Anschluss aber immer gleich viele helfende Hände da waren.

Wertschätzung

»Ich selber unterstütze mich, indem ich mir Zeit lasse. Ich brauche unglaublich viel Geduld, da ich manchmal denke, ich müsste schon weiter sein oder es geht nicht vorwärts. Doch ich pflege einen liebevollen Umgang mit mir, weil ich mir wertvoll bin.«

(Susanne Wallimann)

So, wie das Leben und Weggefährtinnen uns unterstützen, so können wir uns auch selbst diese Unterstützung zukommen lassen – in schwierigen Zeiten, wie beispielsweise bei vermeintlich gescheiterten Projekten oder auch allgemein auf dem Weg. Indem wir kleine Erinnerungen an die Freude in unseren Alltag einbringen und uns auf diese Weise aktiv mit ihr verbinden. Indem wir uns selbst nicht immer allzu ernst nehmen, uns Zeiten der Stille zugestehen und damit immer gefestigter in uns selbst werden. Vor allem aber indem wir uns wirklich wertschätzen.

Wir müssen nicht darauf warten, dass jemand anders uns Wertschätzung entgegenbringt, sondern können hier und jetzt damit beginnen, uns selbst wertzuschätzen. Denn dies ist letztendlich die Basis, die es braucht, um den Herzensweg zu gehen. Indem wir uns wertschätzen, zeigen wir uns zugleich, dass wir uns und unsere Träume, Pläne und Visionen ernstnehmen.

Wertschätzung muss nicht laut und groß daherkommen. Vielmehr geht es darum, dass sie vom Herzen her kommt und wir es ernst meinen mit ihr. Ganz konkret können wir uns beispielsweise auf die Schulter klopfen nach dem Start eines neuen Projektes, uns feiern für unseren Mut, die ersten Schritte auf unserem Herzensweg gewagt zu haben und auch für jeden scheinbar noch so kleinen Erfolg. Wir dürfen uns die Wertschätzung zukommen lassen, die wir uns so sehr von anderen Menschen wünschen.

Sich selbst wertzuschätzen ist ein Aspekt davon, die Verantwortung für uns selbst zu übernehmen. Denn wir warten nicht länger auf den richtigen Moment oder darauf, dass irgendwann irgendjemand erkennen wird, wie viel wir geleistet haben, sondern beginnen genau jetzt selbst damit. So habe ich beispielsweise vor ein paar Jahren begonnen, mir selbst immer wieder Blumen zu schenken. Ich war es leid, zwar Blumen zu lieben, aber immer auf Geburtstag, Valentinstag oder irgendein bahnbrechendes Erfolgserlebnis warten zu müssen, bei dem mir dann vielleicht jemand – mit viel Glück – einen Strauß Blumen schenken würde. Jede Woche bin ich von da an auf den Markt gegangen, um mir einen wunderschönen Blumenstrauß auszuwählen. Der Marktverkäufer fragte oft, für wen die Blumen denn seien und schaute nicht selten recht verdutzt, wenn ich stets antwortete: Für mich.

Es müssen keine Blumen sein. Vielleicht fühlst du die Wertschätzung dir gegenüber besonders stark, wenn du dir ein heißes Bad mit einem schönen Duft gönnst. Vielleicht ist es auch ein besonderer Tee, der dir hilft, dich selbst zu feiern. Oder auch ein langer Spaziergang, ein liebevoller Blick in den Spiegel, ein Lob, das du dir selber schenkst. Schau, was es für dich ist. Und dann – schenke dir selbst die Wertschätzung, auf die du so lange gewartet hast.

Ein Liebesbrief an dich

Nimm einen schönen Bogen Papier – vielleicht Briefpapier – und einen Stift zur Hand. Und dann: Schreibe dir selbst einen Liebesbrief. Ganz so, als würdest du dich von außen betrachten:

Deine Gegenüber – was ist sie für eine Frau?
Was macht sie aus?
Was ist wundervoll an ihr?
Was gefällt dir besonders an ihr?
Welche Schwächen und Ängste kannst du an ihr sehen – und kannst du sie mit ihnen

annehmen?
Was bewunderst du an ihr?
Weißt du, was sie glücklich macht?
Warum bist du so gerne mit ihr zusammen? Was schätzt du an ihr?
Wie ist dein aktuelles Verhältnis zu ihr? Seid ihr gute Freundinnen?
Gibt es etwas, was du dir für die Zukunft mit ihr wünschst?

Schreibe dir selbst einen Liebesbrief und schreibe ihn voller Wertschätzung. Folge dabei einfach dem, was kommen mag.

Metta-Praxis

Die Metta-Praxis, auch Praxis der Liebenden Güte genannt, ist eine Meditations- und Übungsform, bei der du dir selbst gute Wünsche zukommen lässt. Diese Übung hilft dir, die Liebe und das Mitgefühl dir selbst gegenüber zu kultivieren und wachsen zu lassen.

Wenn du soweit bist, setze dich bequem hin (zum Beispiel auf ein Sofa, einen Sessel oder einen Stuhl) und schließe die Augen.
Spüre, wie dein Atem ein- und wieder ausströmt.
Ein und aus.

Spüre deinen Körper.
Kannst du deinen Kopf spüren?
Deine Schultern?
Die Arme?

Spürst du deinen Bauch?

Den Rücken?
Die Beine und die Füße?

Spürst du den Stuhl, den Sessel oder das Sofa, das dich trägt?

Komme wirklich an, in diesem Augenblick. Spüre dich.
Lass dich von deinem Atem in deinen Körper führen.

Sage dir dann innerlich die folgenden Sätze:

Möge ich die tiefe Liebe in mir spüren.
Möge ich wissen, wie wundervoll und einzigartig ich bin.
Möge ich mir selbst vertrauen.
Und möge ich mein Licht leuchten lassen.

Nehmen wir die Qualität der Worte in uns auf, so werden wir spüren können, wie sich tief in uns etwas bewegt. Vielleicht wird uns innerlich wärmer, vielleicht verändern sich unsere Gefühle, Gedanken und Empfindungen. Vielleicht unsere Haltung uns selbst gegenüber. Mehr und mehr kommen wir ganz in unsere Kraft, wissend, dass unsere Schönheit und Einzigartigkeit von nichts im Außen abhängig sind oder geschwächt werden können. Mehr und mehr lernen wir, unsere eigene Stärke anzunehmen und unser Licht leuchten zu lassen.

Wiederhole nun einfach immer wieder die Sätze, spüre ihnen nach und schau, was sie in dir bewegen.

Möge ich die tiefe Liebe in mir spüren.
Möge ich wissen, wie wundervoll und einzigartig ich bin.
Möge ich mir selbst vertrauen.
Und möge ich mein Licht leuchten lassen.

Schweifen deine Gedanken ab, so kehre einfach wieder zurück zu den Sätzen. Wiederhole sie nun noch einige Male für dich in deinem eigenen Tempo.

Möge ich die tiefe Liebe in mir spüren.
Möge ich wissen, wie wundervoll und einzigartig ich bin.
Möge ich mir selbst vertrauen.
Und möge ich mein Licht leuchten lassen.

Und du kannst diesen Wunsch noch weiter ausdehnen und ihn zu den Menschen, die du liebst und die dich auf deinem Weg begleiten, senden, ebenso wie zu allen anderen Wesen:

Mögen alle Wesen in allen Welten die tiefe Liebe in sich spüren.
Möge alle Wesen in allen Welten wissen, wie wundervoll und einzigartig sie sind.
Möge alle Wesen in allen Welten sich selbst vertrauen.
Und möge alle Wesen in allen Welten ihr Licht leuchten lassen.

Nimm zum Abschluss einen tiefen Atemzug, öffne die Augen und komme nun vollkommen wieder im Hier und Jetzt an.

Scheitern

»Manchmal bin ich auch gefallen auf meinem Weg. Dann, wenn ich gefallen wollte, mich angepasst habe, anderen somit einen Gefallen tun wollte. Dann habe ich eine Weile ausgeruht. Habe mir erlaubt, schwach zu sein. Und mir auch erlaubt, wieder aufzustehen.«

(Silke Steigerwald)

Auf unserem Herzensweg wird es immer wieder passieren, dass Dinge nicht klappen oder nicht so verlaufen, wie wir sie uns erhofft hatten: Ein Seminar wird nicht voll, wir wagen es nicht, den nächsten Schritt zu gehen, fallen zurück in alte Ängste, bleiben in Momenten stumm, in denen wir eigentlich unsere Stimme erheben wollten. Was auch immer es ist: Scheitern ist ganz natürlich und erlaubt! Auch wenn die überwiegende Richtung der Gesellschaft etwas anderes zu propagieren scheint, so braucht es doch oftmals sogar das Scheitern, damit Raum, damit ein Nullpunkt entsteht, aus dem heraus Neues geboren werden kann – ganz so, wie der Phönix aus der Asche aufsteigt.

Ja, wir können das Scheitern sogar einladen, wie ein Clown, der es mit offenen Armen willkommen heißt. Kürzlich erzählte mir eine Bekannte von einer psychologischen Studie, bei der man Selbstständige interviewt hat, die den Schritt in die Selbstständigkeit gewagt haben und damit gescheitert sind, und solche, die den Schritt hatten wagen wollen, es letztendlich aber nicht getan haben. Erstaunlicherweise waren trotz des Scheiterns die Menschen glücklicher, die den Schritt in die Selbstständigkeit gegangen waren. Wie es in einer alten Volksweisheit heißt: Am Ende unseres Lebens bereuen wir mehr die Dinge, die wir nicht getan haben, als die, die wir getan haben.

Oftmals erkennen wir zudem hinterher, dass wir im Grunde gar nicht gescheitert sind, sondern dass die Zeit für ein bestimmtes Projekt noch nicht reif war oder zu diesem Zeitpunkt eigentlich etwas anderes anstand, was wir im Moment der Planung noch nicht ahnten. So erlebe ich beispielsweise immer wieder, dass nur die Seminare ausfallen, die mein Kraft- und Energievermögen zu diesem Zeitpunkt überstiegen hätten beziehungsweise dass ein anderes Thema oder Projekt gerade angegangen werden will. Und so habe ich mit der Zeit gelernt, gut mit dem vermeintlichen Scheitern zu leben und offen zu bleiben für das, was das Leben mir stattdessen bringen will. Wir können uns wie Cambra Skadé zum Beispiel bewusst Zeit nehmen, um das Gescheiterte zu betrauern, uns selbst zu verwöhnen, uns den Ärger und die Enttäuschung zuzugestehen und zu erforschen, was das Geschehene in uns bewegt – um dann am Ende dieser Phase die Clownin in uns zu rufen, um es zu belachen.

Gescheitert – oder vielleicht doch nicht?

Wenn du dich einmal an gescheiterte Projekte in der Vergangenheit erinnerst und einen Blick aus dem Jetzt auf diese Situationen wirfst:

Gab es etwas, das sie dich gelehrt haben?
War das Scheitern vielleicht sogar notwendig zu diesem Zeitpunkt?
Hast du schon einmal erlebt, dass das Scheitern dir gezeigt hat, dass ein anderes Thema oder Projekt an der Reihe war zum damaligen Zeitpunkt – oder dich hat innehalten beziehungsweise spüren lassen, dass du von deinem Herzensweg abgekommen warst?
Was ist es, das du aus diesem Scheitern mitgenommen hast?

Weitergehen

»Ich weiß, dass ich auf meinem Herzensweg bin, wenn mein Herz federwarm berührt ist, wenn meine Augen sich sprudelleicht mit Quellwasser füllen, mein Bauch weich und himmelweit ist und meine dankbaren Füße in der Erde wurzeln.«

(Monika Winkelmann)

Je weiter wir gehen auf unserem Herzensweg, umso klarer werden wir unsere innere Stimme hören, ihr vertrauen und folgen. Sie lässt uns immer deutlicher spüren, wo der Weg für uns weitergeht. Zugleich werden wir uns immer bewusster darüber, dass wir nicht wissen, was als Nächstes kommen wird. Wir lernen offen zu bleiben für die Wege des Lebens, lernen uns hinzugeben und mitzufließen.

Und so, wenn wir weitergehen auf unserem Herzensweg und damit unsere Träume, Visionen und Potenziale wahrhaft leben, werden wir immer stärker die innere Freude und Kraft wie auch ein inneres *Ja* zu diesem Weg spüren. Dies wiederum wird uns erkennen lassen, dass wir auf dem für uns stimmigen Weg sind, auf dem wir immer mehr alte Masken und Rollen loslassen und immer authentischer leben werden. Und wir werden es wagen, immer leichter den sich öffnenden Türen und Wegen zu folgen – auch wenn diese vielleicht nicht mit unseren ursprünglichen Plänen übereinstimmen.

»Das Losgehen war erst einmal ein unbekannter, nebliger Weg – nur das Ziel war klar. Was mir dann aber nach den ersten Schritten alles auf dem Weg begegnet ist, ob Menschen, Erfahrungen, Zufälle, kann ich nur mit einer Farbe beschreiben: bunt! Der Weg war bunt, wie ein Weg, der rechts und links am Rand mit bunten Blumen versehen ist, die leicht und reichhaltig gepflückt werden dürfen.«

(Helga Stein)

Zugleich dürfen wir dem Herzensweg immer auch die Chance auf Wachstum und Veränderung zugestehen – der Weg, dem wir heute folgen, kann in wenigen Monaten oder Jahren schon ganz anders aussehen. Wie die Künstlerin Cambra Skadé so passend sagte: »Wer weiß, vielleicht habe ich in ein paar Jahren keine Lust mehr als Künstlerin zu arbeiten und möchte lieber den ganzen Tag lang Traktor fahren und ein paar Tiere hüten.«[25]

Wer weiß, vielleicht schreibe ich in fünf Jahren keine Bücher mehr, sondern eröffne ein kleines Café. Wer weiß, wo dich dein Weg hinführen wird, wie viele Windungen und Kurven, wie viele Herausforderungen und Freudeblumen er für dich bereithalten wird. Wie auch immer: Vertraue darauf, dass das Universum für dich sorgt und am Ende alles gut sein wird.

Mögen dich die folgenden Wünsche begleiten auf deinem weiteren Weg:

Möge dir das Leben den Mut und die Kraft schenken,
deinem Herzensweg zu folgen.
Mögest du stets Wegbegleiterinnen und Wegweisern begegnen und auch
mitten im Nebel das Vertrauen in dich und deinen Herzensweg bewahren.
Mögest du dich immer wieder mit der Freude verbinden können und möge
sie dir Leitstern und Mutmacherin zugleich sein.
Mögest du stets gut für dich sorgen, dich selbst wertschätzen und alles
tun, um dich zu unterstützen und es dir gut gehen zu lassen.
Mögest du mutig allen neuen Wegen und sich öffnenden Türen folgen und
durch sie schreiten können.
Und möge dich das Leben beschenken, begleiten und tragen – auf all
deinen Wegen.

Hier bin ich

Folge dem Weg deines Herzens.
Vertraue dem Leben, wie deinem besten Freund.
Liebe die Tage und ehre die Nächte.
Sei einfach da, in jedem Augenblick.
Atme das Leben.
Jetzt.[26]

Dieses Buch geht zu Ende und es ist die Zeit gekommen, dir selbst ein Leuchtturm zu sein. Natürlich werden dich Weggefährtinnen welcher Art auch immer weiterhin begleiten. Zugleich darfst du damit beginnen, dir immer mehr selbst zum Leuchtturm zu werden. Denn deine Festigkeit und Stärke, deine Würde und Schönheit sind nicht von anderen Menschen abhängig oder davon, dass sie dich sehen. Vielmehr beginnst du, deine Kraft in dir zu zentrieren, auf dich selbst zu bauen und zu vertrauen. Du wirst dir selbst zum Licht am Tag und in dunkler Nacht. Du stehst inmitten der aufgewühlten See und weißt doch, dass dich in der Tiefe nichts erschüttern kann. Die See ist immer nur an der Oberfläche stark aufgewühlt, tief unten ist stets die gleiche Ruhe und Stille, die du auch in deinem Inneren jederzeit aufsuchen kannst.

Nun wirst du weitergehen, wirst schauen, wo das Leben dich als nächstes hinträgt, welche Wege es noch mit dir gehen will. Vielleicht wirst du noch einmal zurückschauen auf die gemeinsame Zeit, die wir zusammen auf diesen Seiten verbracht haben. Vielleicht magst du noch einmal spüren, was du zurücklassen, was du mitnehmen möchtest. Schauen, was sich in dir bewegt hat.

»Der Weg zu mir selbst war und ist der schwierigste und längste Weg, den ich bis jetzt gegangen bin. Doch wie bei jedem Weg, stellt sich auf dem Gipfel heraus, wie sehr sich die Strapazen gelohnt haben. Dann, wenn ich trotz aller Anstrengung und Mühen, die mir der Weg bereitet hat, einfach nur glücklich bin mit dem, was ich an

Weitblick in mich aufnehmen kann. Oben angekommen vergesse ich, wie schwer es war und fühle mich einfach nur frei und glücklich.«

(Susanne Wallimann)

Wenn du nun alleine weitergehst, so darfst du dich erinnern: Alleinsein hat nichts mit Einsamkeit zu tun. Es heißt vielmehr, ganz bei dir zu sein, ganz ausgefüllt mit allem, was da gerade bei dir ist. Offen zu sein für das, was sich zeigen will – angenehme wie unangenehme Gefühle, Ideen, Visionen, Erkenntnisse. In der Stille mit dir alleine ordnet sich, was jetzt vielleicht noch chaotisch erscheint.

Und wisse: Du bist nicht deine Ängste, nicht deine Gedanken, Gefühle oder Sorgen. Du bist weitaus mehr. Wir haben keine wirkliche Angst davor, ungenügend zu sein. Viel mehr haben wir Angst vor unserem eigenen Licht. Angst davor, wirklich Verantwortung zu übernehmen, uns zu zeigen, in voller Größe. Angst davor, uns sichtbar zu machen und gesehen zu werden. Hier bin ich. Unübersehbar. Unerschütterlich einfach hier zu sein, unseren Platz einzunehmen, authentisch zu sein. Es erfordert viel Mut, dies zu tun, denn in unserer Umgebung wird uns meist etwas anderes vorgelebt: Ein Leben in Angst, voller Sorge und Mangeldenken. Ein Verstecken und sich hinter anderen Wegducken.

Daraus aufzutauchen, hervorzutreten, scheint erst einmal unendlich schwierig. Wir laufen gegen Mauern, andere sind irritiert oder wenden sich von uns ab: Was erlaubt sie sich bloß, jetzt plötzlich einfach sie selbst zu sein und aus der gleichförmigen Masse auszuscheren? Doch wenn du einmal diesen Duft der Freiheit gekostet hast, ebenso wie deinen ganz eigenen Duft des Du-selbst-Seins, wirst du ihm unwiderstehlich weiter folgen wollen. Zu wundervoll ist es, endlich du sein zu können, dich in voller Größe zeigen zu dürfen und dein Licht weit leuchten zu lassen. Hier bin ich. Ja. Genau jetzt.

Die Essenz

Was war da bei dir, als du begonnen hast dieses Buch zu lesen? Was ist heute da?
Was nimmst du mit? Was lässt du hier?
Was hat sich verändert in der Zeit, in der du dieses Buch gelesen und die Übungen ausprobiert hast?
Was hat sich verändert in dir? In deinem Leben? Auf deinem Herzensweg?

Spüre einige Zeit in dich hinein und notiere dann deine Antworten auf die Fragen. Schreibe so lange und so viel du möchtest. Bis du spürst: Es ist genug.

Verdichte deinen Text anschließend auf drei Worte. Streiche alles weg, was entbehrlich ist – erst die Hälfte der Wörter, dann wieder die Hälfte. Solange, bis nur noch drei Wörter übrigbleiben. Drei Worte, die Essenz.

Wie lautet sie, die Essenz aus dieser Zeit?

Dein Herzensweg-Talisman

Gehe hinaus in die Natur. Spüre deine Verbindung zur Erde. Atme die frische Luft um dich herum ein. Nimm etwas mit als Erinnerung – ein Blatt, einen Stein, einen Grashalm. Etwas, das dich an diese Zeit und deinen Herzensweg erinnert. An den

Mut, die Freude, die Aufbruchstimmung, die Neugierde und die Kraft, die du in dir gespürt hast. Etwas, was dich auch in schwierigen Zeiten daran erinnert:

Ich bin richtig hier. Das ist mein Weg.

Der nächste Schritt wird sich zeigen.
Offen bin ich für das, was kommen mag.
Inne halte ich,
um gut zu mir zu sein,
für mich zu sorgen.
Achtsam will ich durch den Tag gehen,
meinen Körper und mich selbst heilend,
verstehend,
liebend.

Ausgehend von diesem Standpunkt,
diesem Verwurzeltsein,
wird sich alles fügen.
Fügen zu Neuem,
zu dem noch nicht Greifbaren,
das entstehen will.
Ich umarme die Angst
und bleibe verankert
im Hier und Jetzt.

So bei mir Zuhause seiend
bin ich Ankerpunkt,
unerschütterlich,
mag kommen, was will.
Verankert in mir und meinem Körper
kann ich schauen,
beobachten,
kann ich sein.

Anmerkungen

1 Sabrina Gundert: Handgeschrieben – Inspirationen zum Innehalten und Ankommen, Books on Demand, 2012, 2. Auflage 2014, S. 97

2 Annette Kaiser: Der Weg hat keinen Namen, Theseus Verlag, 2002, S. 126

3 Sabrina Gundert: Auf dem Herzensweg – Lebensgeschichten spiritueller Frauen, Irdana-Verlag, 2013, S. 80

4 Sabrina Gundert: Auf dem Herzensweg – Lebensgeschichten spiritueller Frauen, Irdana-Verlag, 2013, S. 80

5 Sabrina Gundert: Auf dem Herzensweg – Lebensgeschichten spiritueller Frauen, Irdana-Verlag, 2013, S. 15

6 Andrea Steimer im Gespräch zu »Auf dem Herzensweg – Lebensgeschichten spiritueller Frauen«, Irdana-Verlag, 2013

7 Sabrina Gundert: Handgeschrieben – Inspirationen zum Innehalten und Ankommen, Books on Demand, 2012, 2. Auflage 2014, S. 49

8 Anando Würzburger im Gespräch zu »Auf dem Herzensweg – Lebensgeschichten spiritueller Frauen«, Irdana-Verlag, 2013

9 Sabrina Gundert: Handgeschrieben – Inspirationen zum Innehalten und Ankommen, Books on Demand, 2012, 2. Auflage 2014, S. 58-59

10 Sabrina Gundert: Handgeschrieben – Inspirationen zum Innehalten und Ankommen, Books on Demand, 2012, 2. Auflage 2014, S. 97-99

11 Sabrina Gundert: Auf dem Herzensweg – Lebensgeschichten spiritueller Frauen, Irdana-Verlag, 2013, S. 100

12 Sabrina Gundert: Auf dem Herzensweg – Lebensgeschichten spiritueller Frauen, Irdana-Verlag, 2013, S. 23

13 Sabrina Gundert: Handgeschrieben – Inspirationen zum Innehalten und Ankommen, Books on Demand, 2012, 2. Auflage 2014, S. 25

14 Vgl. Julia Cameron: Der Weg des Künstlers, MensSana, 2009, S. 120

15 Sabrina Gundert: Auf dem Herzensweg – Lebensgeschichten spiritueller Frauen, Irdana-Verlag, 2013, S. 87

16 Sabrina Gundert: Auf dem Herzensweg – Lebensgeschichten spiritueller Frauen, Irdana-Verlag, 2013, S. 87

17 Sabrina Gundert: Auf dem Herzensweg – Lebensgeschichten spiritueller Frauen, Irdana-Verlag, 2013, S. 86

18 Sabrina Gundert: Auf dem Herzensweg – Lebensgeschichten spiritueller Frauen, Irdana-Verlag, 2013, S. 188

19 Sabrina Gundert: Auf dem Herzensweg – Lebensgeschichten spiritueller Frauen, Irdana-Verlag, 2013, S. 188

[20] Sabrina Gundert: Handgeschrieben – Inspirationen zum Innehalten und Ankommen, Books on Demand, 2012, 2. Auflage 2014, S. 100

[21] Sylvia Kolk im Gespräch zu »Auf dem Herzensweg – Lebensgeschichten spiritueller Frauen«, Irdana-Verlag, 2013

[22] Vgl. Cambra Skadé: Die schamanische Kraft im Alltag, Edition Skadé, 2012

[23] Sylvia Kolk im Gespräch zu »Auf dem Herzensweg – Lebensgeschichten spiritueller Frauen«, Irdana-Verlag, 2013

[24] Marie-Luise Stiawa im Gespräch zu »Auf dem Herzensweg – Lebensgeschichten spiritueller Frauen«, Irdana-Verlag, 2013

[25] Sabrina Gundert: Auf dem Herzensweg – Lebensgeschichten spiritueller Frauen, Irdana-Verlag, 2013, S. 20

[26] Sabrina Gundert: Handgeschrieben – Inspirationen zum Innehalten und Ankommen, Books on Demand, 2012, 2. Auflage 2014, S. 94

Download

Die geführten Meditationen und Visionsreisen kannst du dir als mp3-Datei einzeln herunterladen unter: bit.ly/1sUmrDm

Sprecherin ist Yvonne Sebestyen, Tierkommunikation (www.versteh-dein-tier.de)

Dank

Auf den Lesereisen mit dem Buch *Auf dem Herzensweg – Lebensgeschichten spiritueller Frauen* durfte ich unglaublich viele mutige, wunderbare Frauen und ihre Geschichten kennenlernen. Doch nicht nur hier, sondern auch in meinen Schreibwerkstätten und Workshops, in Schreibcoachings, per E-Mail, im Gespräch und auf anderen Wegen des Lebens habt ihr alle immer wieder einen Teil eurer Lebenslandkarten mit mir geteilt. Dafür danke ich euch! Denn dies hat mir gezeigt, dass ich nicht alleine bin mit meinen Ängsten, Gedanken und Zweifeln auf dem Weg, ebenso wenig wie mit meinem Mut, der Freude und dem inneren Feuer.

Besonders danken möchte ich auch all jenen Frauen, die meine Fragen rund um ihren eigenen Herzensweg beantwortet und damit einen Teil ihrer Schatzkiste für dieses Buch zur Verfügung gestellt haben. Ich freue mich auf viele weitere Begegnungen und Herzensweggeschichten!

Danke besonders auch an die vielen Frauen am Bodensee, im Hegau und anderswo in Deutschland, die mich auf meinem Herzensweg begleiten, mit denen ich lachen, weinen, wütend sein und mich freuen kann. Danke für all die nährenden Feuer!

Danke besonders auch an Jan, der mich (vermutlich ohne es bis heute zu wissen) auf diesen Weg gebracht hat. Danke an Roman, der mir sein Vertrauen als Startkapital zur Verfügung gestellt hat, das mich heute noch trägt und nährt. Und danke an Norbert, der zwar meist stets einen typischen Männerspruch zu Herzens-Sing-Freudeprojekten anbringt, den ich dann aber doch wenige Minuten später leise das Frauenlied *Bedemama* summen höre. Danke an meine Eltern und Großeltern für ihre Unterstützung und ihr Dasein.

Danke dir, liebe Susanne, für die wunderbare Zusammenarbeit an diesem Buch. Es ist mir immer wieder eine Freude, ein leichtfüßiger Tanz, solch ein Herzensprojekt mit dir und dem Irdana-Verlag in die Welt zu bringen. Danke!

Über die Autorin

Sabrina Gundert (1988) liebt das Schreiben, Singen und die Natur. Als freie Journalistin, Schreibcoachin und Geographin streift sie am liebsten mit Stift und Block durch die Felder des Hegaus und die Weinberge am Bodensee.

Ihre Leidenschaft und Freude am Schreiben sowie ihr Herzblut für das Gehen des eigenen Lebensweges gibt sie in Kreativen Schreibwerkstätten, verschiedenen Workshops, Schreibcoachings und auch über das Heilsame Singen weiter.
Nährende Feuer, kraftvolle Frauenbegegnungen und das Teilen von Lebenslandkarten sind eng mit ihrem Herzensweg verbunden.
Die gebürtige Rheinländerin lebt heute im Hegau, unweit des Bodensees. 2012 erschien ihr erstes Buch *Handgeschrieben – Inspirationen zum Innehalten und Ankommen*. 2013 folgte *Auf dem Herzensweg – Lebensgeschichten spiritueller Frauen. Hab Mut und geh* ist ihr drittes Buch.

Mehr Informationen unter: www.handgeschrieben.de

Weitere Bücher aus dem Irdana-Verlag ...

Sabrina Gundert
Auf dem Herzensweg
Lebensgeschichten spiritueller Frauen
Originalausgabe
(2. Auflage)
196 Seiten, broschiert
19,90 € (D) / 21,50 € (A)
ISBN 978-3-9813609-6-7

Vom Mut, den eigenen Weg zu gehen

Zehn Frauen, zehn ganz unterschiedliche Lebenswege. Und doch gibt es einen roten Faden, der sich durch alle Porträts in diesem Buch zieht: Der Wunsch, der Sehnsucht des Herzens zu folgen und einen ganz eigenen, authentischen Weg zu gehen. Sabrina Gundert erzählt hier die Lebensgeschichten von Annette Kaiser, Anna Platsch, Jwala Gamper, Schwester Elke Stein, Cambra Maria Skadé, Sandra Franz, Sylvia Kolk, Anando Würzburger, Andrea Steimer und Marie-Luise Stiawa. Ein Buch, das inspiriert und Lust und Mut macht, den ersten Schritt auf dem eigenen Herzensweg zu tun.

Ruth Lerevers
Der Lichtfunke in uns
Originalausgabe
108 Seiten
broschiert
19,90 € (D) / 21,50 € (A)
ISBN 978-3-9816520-0-0

Die eigene Göttlichkeit erfahren

Der göttliche Funken ist in jedem von uns. Finden können wir ihn in unserem Herzen. Wie einfach, beglückend und wirkungsvoll dies sein kann, beschreibt Ruth Lerevers in ihrem Arbeitsbuch »Der Lichtfunke in uns«. Die Lichtfunkenarbeit ist spirituelles und hoch praktisches Tun und zugleich eine einfache und sehr wirksame Möglichkeit, dem Leben und seinen Anforderungen erfolgreicher zu begegnen und sich dabei ständig zu weiter entfalten.

www.irdana-verlag.de